奇跡の朗読教室

人生を変えた21の話

斉藤ゆき子
Yukiko Saito

新泉社

はじめに

私は現在、声優・ナレーターの事務所に所属し、主に番組やコマーシャルのナレーションの仕事をしています。

かつてフリーアナウンサーだったころの私は、リポーター、ナレーション、ラジオのパーソナリティー、キャスターのほか、企業の研修講師や話し方講師、演歌歌手の新曲キャンペーンの司会、お笑いステージの相方役など、さまざまな声の仕事を経験してきました。自分の仕事にそれなりに誇りを持ち、充実した日々を過ごしていた2011年3月、東日本大震災が発生。

それまで人の役に立つ仕事だと思い込んでいた私のスキルが、こういう事態の下ではなんの役にも立たないことに気づき、衝撃を受けたのです。それでも、自分の中から湧き上がってくる「なんとかして人々を元気づけたい、喜ばせたい」という思いは強く、私にできることは何かと考えたとき、やはり「声」、そして「語ること」しかありませんでした。「声を通して人に元気になってもらいたい。朗読教室を開こう。それも、本をただ声に出して読むだけのありきたりの朗読教室ではなく、来るだけでポジティブになれて、安心感と楽しさに満ちあふれる、そんな場所を作りたい」

そう強く心に決めたのです。

そうして2012年12月。

私は、アマチュアの方を対象にした朗読塾「ソフィアの森ボイスアカデミー」を立ち上げました。

設立に際しては、読み方を伝授するだけではなく、朗読を通じてその人個人を輝かせることを第一に考えました。そんな思いを胸に一人ひとりの生徒さんと向き合ううち、「〝ソフィアの森〟で朗読を学ぶとモチベーションが上がり、生活に活気が生まれる」と評判を呼び、いつの間にか多くの方でにぎわう「大人の部活動」のようになったのです。

ある50代の主婦の方のお話です。教室にうつむき加減で入ってきた彼女は、子どものころからあがり症で、人前で何かをやるときは緊張で気分が悪くなってしまうほどだったそうです。それでも「朗読を趣味にしたい」と話す彼女を笑顔にしてあげたいと強く思いました。

そこで、読み手自身も笑顔になるようなクスッと笑える作品を紹介しました。するとどうでしょう。初めは声を出して本を読み上げることさえ恥ずかしそうだったのが、次第に登場人物になりきって人前でお芝居のようなことをするのが楽しいと言ってくれるようになったのです。

それがきっかけとなり、彼女は自ら図書館に行って朗読する作品を探したり、人前で発表したりすることにも慣れて、今では昔の面影は微塵もないほど活動的な毎日を送っています。

ここ数年、縁あって朗読の特別講師として大学の講義に招かれる機会があるのですが、そういうとき、私は必ず講堂の前列に座る学生たちに尋ねるようにしています。

「〝朗読〟ってどんなイメージ？」

すると、学生たちはみな一様に「めんどうくさい」「つまらない」「眠くなる」「飽きる」

「雰囲気が暗い」……、と答えます。遠慮のない言葉に思わず吹き出しそうになりますが、実際の私の朗読を交えた90分間の講義を終えると、その感想が「躍動的な世界」「元気が出る」「相手の心を動かす」に変わるのが常です。「朗読」に触れる機会がないままにイメージで敬遠したり、興味を持てなかったりする人が多いのですね。

「朗読」という世界に身を置き、作品に励まされ、新しい気づきが生まれる。言葉の力に支えられ、心と体に届く言葉の響きや、そこから生み出される不思議なエネルギーに元気を与えられる。そして、同じ志のもとに集う仲間たちとの間に絆が生まれる。

長年にわたり声に関する仕事に携わってきた私自身、朗読にこんなにも大きく人生を変える力があるのだということは、教室を運営するなかで初めて知ったことでした。

2017年春、教室にとって大きなできごとがありました。

当教室の生徒一人ひとりの個性や状況に合わせた指導法に注目してくださったNHKのチーフプロデューサーが、数ある朗読教室からドラマのモデルのひとつに取り上げてくださったのです。ドラマ化にあたり、教室のレッスンメソッド、朗読の指導ノウハウはすべて提供し、出演俳優さんへの朗読指導も担当させていただきました。

そのドラマは、『この声をきみに』として大森美香さん作・脚本により2017年9月から11月までNHK総合「ドラマ10」枠で放送されました。まさしく「朗読で人生を変える」という私の思いを描いていただけたのです。その後、同作品は優秀なドラマに贈られる「月間ギャラクシー賞」にも選ばれました。

この本は、毎日同じことを繰り返す日々に「このままではいやだ!」と思っている人、なかなか趣味を見いだせずにいる人、「人の気持ちがわからない」と言われてしまう人、最近声を出していないと感じている人、「自分を輝かせたい」と思っている人……、そんな人たちが小さな一歩を踏み出せることを願ってまとめました。

教室で実際に行っている朗読指導を声の悩みに合わせて解説するとともに、レッスンでのアドバイスで生徒さんがどのように変わったかを「このお話のプロミネンス」として1話ごとにまとめています。「プロミネンス」とは、朗読用語で「もっとも伝えたい言葉」をいいます。この部分をご自分に引きつけて読み進め、教室で一緒にレッスンしているような気持ちになっていただけたら幸いです。

ではさっそく、心温まる朗読の世界にご案内いたしましょう。

斉藤ゆき子

奇跡の朗読教室｜目次

第六章　生きる　197

本書で登場する人物は、いずれも仮名です。
また、プライバシー保護の観点から実例をもとに再構成しています。
ご了承ください。

企画協力　Jディスカヴァー　城村典子
編集協力　楠本知子
装　幀　松田行正＋杉本聖士

第一章

自信

誰かを笑顔にする側へ

朝からどんよりとした雲が広がり、今にも雨が降り出しそうな秋の午後でした。

秋から始まる朗読短期講座は4回連続で、その日は1回目でした。

「朗読って何？」

「どんなことをするところ？」

朗読が初めての方を対象にした講座は、募集をかけるとすぐに満席になる人気ぶりです。

その日も授業開始時刻までまだ20分もありましたが、すでに4～5人の方がロビーでお待ちになっていました。

私が、「お待たせいたしました、どうぞお入りください」と言いながらドアを開けると、待ちかねた方々が期待と緊張を胸に、足早に入室してきました。

おひとりだけ、まだいらしていません。でも、時間通り始めることにしました。

「みなさん、初めまして……」

私がごあいさつを始めたちょうどそのとき、音も立てずにひとりの女性が入ってこられいました。うつむいたお顔はベージュのニット帽とマスクで隠され、メガネだけが浮いています。コートも脱がず、手には白い手袋。彼女の周りだけ、その日の空のようなどんよりとした重い空気が漂っています。みんなの目も彼女に向けられました。

私は少々動揺する心を抑えて、

「今から始めるところでした。間に合いましたね。お待ちしていましたよ」

と言うと、彼女は声も出さずにぺこりと頭を下げ、席に着かれました。

自己紹介では、クラスで呼んでもらいたい愛称をみなさんに聞いていきます。遠藤だったら「えんちゃん」、久美子だから「くみちゃん」。そんなふうに親しみやすいニックネームに盛り上がり、最後に彼女の番になりました。

彼女は、今にも消え入りそうな震える声で、こう言いました。

「私は佐藤と言いますが、愛称は……、えっと昨年、愛犬チロを亡くした悲しさが今も残っていて……、チロママで……」

一瞬、教室内がシンと静まりかえったのは言うまでもありません。

「ご家族の一員だったのですね。ではみなさん、『チロママ』とお呼びしましょう」

と言うと、チロママさんはやっと顔を上げてくださいました。

普段から声を大きく出さず、口をあまり開けてお話ししていない人の場合、発声練習や早口言葉は、やろうと思ってもすぐにはできないものです。初心者ばかりのこのクラスのみなさんも、当然、悪戦苦闘。早口言葉につかえるたびに、教室内には大きな笑い声が起こりました。

チロママは人前で何かすること自体が苦手のようで、声も蚊の鳴くような小ささです。教室に入っていらしたときの「声を出したくないオーラ」をびんびんと放つ雰囲気は、声を出したいために来ているほかの教室生とはひと味違い、果たしてクラスの輪に溶け込めるかしら？　と私は少し心配でした。

3回目の講座終了後に、全員でお茶会をすることになりました。お仕事も年齢も超えたコミュニティーは楽しいものです。あちらこちらで盛り上がっているなかに、ひときわ楽しげな笑い声が響きました。びっくりして笑い声の主を見ると、それはチロママではありませんか。じつは、びっくりするほど大きな声が出る人だったんだと、教室生はみんな目を丸くして驚きました。そして、生徒さんの輪に溶け込んでいるチロママを見て、私はひそかに胸をなでおろしたのです。

一生懸命に声を出すと、血行もよくなるせいか体が温かくなり、気持ちも前向きになるようです。レッスンの後は、「さわやかで清々しい気持ちになる」「ワクワクした気持ちで帰ることができる」とおっしゃる生徒さんがほとんどです。

チロママは、レッスン2回目には帽子と手袋を取り、3回目はマスクをはずし、最終日にはなんと水色のワンピース姿で登場しました。

その日、講座が終わってしまう名残惜しさからか、チロママはレッスンが終わってもひとり教室に残っていました。

「先生、みなさんの前では言えませんでしたが、私は子どものころから引っ込み思案で、近所の方にあいさつすることにさえ緊張するような子でした。体も弱かったし、ずっと不安神経症で、先々のことを考えたり、ニュースでゴンドラが止まったと聞いたりしただけで怖くなります。これまで趣味の教室にも通ったのですが、嫉妬や大人同士のいざこざがいやで、何ごとも続きませんでした」

とつとつと語る言葉に、何か決意のようなものが伝わってきます。

「私は、いつも暇だと思われているのか、これまでお友達の舞台や発表会に呼ばれてばかりいました。ステージに立つみんなはキラキラ光っていて、華やかでうらやましかった。

でも、それを言ったら惨めな気持ちになるから、誰にも打ち明けることができなかったんです。

先生、私も輝きたいです。がんばって朗読の発表会に出たいです。私の立つ舞台に友達を呼びたいです！」

チロママは目に涙をいっぱいにためて、まっすぐ私を見つめていました。

今までは傷つくのが怖く、自分の殻に閉じこもっていらしたのかもしれません。けれどご自分と向き合い、勇気を出して一歩前に出ることができたのです。

「先生、月2回のレギュラークラスに入れてください！」

チロママは、叫ぶようにこう言いました。

しかし声が小さくて舌がもつれる、本も読まないチロママに、正直続けられるかなという思いもよぎりましたが、私のコンセプトは「人をステージで輝かせる」こと。欠点は、努力で越えられるかもしれません。そうだ、あんな大きな笑い声が出るのだから、彼女のビフォア、アフターをぜひ見てみたいという気持ちが私の中にムクムク湧いてきました。

レッスンが始まりました。その日の読み物は、木村裕一作『あらしのよるに』。隣り合った方とセリフの練習をする際に、チロママは、「そんなの無理」とか「女優じゃないんだからできっこない」というネガティブな発言をしていながらも、みんなに遅れを取りたくないというオーラが全身から漂っています。

彼女はじつは負けず嫌いだったのです。私がほかの方のいいところを褒めると、不服そうな眼差しを向けてくるほどでした。それなら逆転の発想です。負けず嫌いなら競争させてみようと、私は彼女に1年後の朗読コンテストに出ることを勧めました。

目標ができたチロママの勢いは目覚ましく、個人レッスンを何度も申し込まれるようになりました。次第に滑舌もよくなり、スポーツクラブに通って健康にも気を遣い、おしゃれにも目覚めた様子。もはや以前のうつむいていたチロママではありません。

そうして1年の後、コンテスト当日のことです。

本番までまだ2時間もあるというのに、チロママの手は震え、足が震え、顔も青ざめています。チロママにはまだ早かったかなと思いましたが、もう戻れません。ただ励ますだけです。

こんな状態で、審査員を前にして、きちんと最後まで読むことができるでしょうか。

壁に向かって何度も練習をしているチロママ。純粋に、まっすぐに自分を越えようとしている、その健気な姿を見たとき、挑戦に早いも遅いもないこと、弱さを力に変えていこうとしている姿に、逆に私が学ばせてもらえていると感じました。

いよいよチロママの順番が来ました。振り向きもせず早足で会場に入っていきます。本番は、誰も部屋に入ることはできません。つかえてしまってないだろうか、それより緊張が頂点に達して倒れてしまったらどうしよう……。私の心配は募ります。

何分が過ぎたでしょうか。部屋の中から小さく拍手が聞こえてきました。そーっと会場から出てきたチロママは、

「とにかく手が震えるし、口も震えるしでどうにもならなかった……」

と言いましたが、その表情は清々しく、充実感で満たされていました。

結果は予選落ちでしたが、私の慰めの言葉などはそっちのけ、チロママの目はすでに年に一度開催される「朗読ライブ」へ向いていました。

朗読ライブでは、基本的には自分の好きな作品を読んでいただきます。小説、童話、詩、エッセイなどジャンルは問わず、10分以内で発表できるものを選んでくださいとお伝えしています。

ある日、それまであまり本を読まなかったチロママが、最近は毎日のように図書館通いをしているようだと、ほかの生徒さんが教えてくれました。そうして朗読ライブでぜひ読んでみたいと、私に持ってきた作品は、川上弘美さんの短編集『おめでとう』の中の『どうにもこうにも』。

不倫の果てに亡くなった女性の幽霊が、相手の男性にいろいろとちょっかいを出す、くすっと笑えるお話です。チロママは、周囲を笑わせることがお好きな、ひょうきんな一面もお持ちのようでした。

「先生、朗読ライブにたくさんお客さん、呼んじゃった」

うれしそうにそう言うチロママに、

「お友達やご家族かしら?」

と聞くと、

「犬のお散歩で会う人、スポーツクラブで友達になったおばあさん、マンションの管理人さん、近所でよく会うおじさん、整体の先生、群馬の姉、それから……」

あっけにとられながら聞いていましたが、最後に照れながら、

「旦那が来てくれるって言ってくれました」

と言いました。チロママは、「呼ばれる側」から初めて「呼ぶ側」となったのです。

お友達に呼ばれて行く舞台や発表会で彼女たちの生き生きとした姿を見るにつけ、寂しさと言い知れぬ焦りに襲われ、虚無感でいっぱいだった2年前。それから朗読に巡り合い、自分の足りないところを一生懸命がんばって克服し、多くのお友達にお声をかけることができた。なんて素晴らしいことでしょう。


「不安神経症で人よりも緊張するので、一番初めに読ませてください」

という申し出通り、チロママにはトップバッターを務めていただきました。

いよいよ出番です。100人近い観客が、チロママを見つめるときがやってきました。ゆっくりとステージ中央に向かうチロママ。

これまで病気を抱えて寂しい思いもし、たくさんの涙を流されてきたことでしょう。自分には誇るものがないと臆病になり、卑下し続けてきたのかもしれません。でも今、一生懸命にレッスンを重ねたチロママは舞台に立ち、スポットライトを浴びています。

震えてはいたものの、チロママの繊細な声が静かな空間に発せられました。滑舌の悪かったチロママでしたが、今はひと言ひと言がはっきり響いて、会場にお話の内容がきちんと届いているのでしょう、笑い声も聞こえています。チロママの「みんなを楽しませたい」という思いが言葉に乗り、観客に伝わっているのです。表情も初めて会ったときとは別人のように豊かです。

朗読終了と同時に会場から起こった大きな拍手は、彼女の心へ美しい花束となって届きました。

「先生、来てくれたお友達が、私のお話、面白かったって言ってくれたんです」

チロママはすごくうれしそうです。

旦那様の感想は、「2か所、間違えたね」とのひと言。しかし自宅に戻ると、「君は本当に変わった。前向きに生きられるようになったね。本当によかった」と言ってくれたそうです。旦那様は、これまで口には出さずとも、奥様をどんなに心配されていたことでしょう。

そうした思いに触れると、この朗読教室を作って本当によかったと、心から幸せな気持ちになります。人はひとつの道を目指すと、必ず輝いていけるものなのです。

おしゃべりに花が咲いたと見えて、今日も教室いっぱい大きな笑い声が響いています。
そのお声はどなたですか？　ん、やっぱり。
チロママ、お願いだからその大きな声で朗読してくれないかしら？

このお話のプロミネンス

朗読などまったく興味がなかったチロママが朗読を始めたきっかけは、「なんでもいいから発表会というステージに立って、人を呼びたい」「観客から拍手をもらいたい」というものでした。それがいつしか、せっかく来てもらうのだから感動してもらいたい、そのためには本をたくさん読んで、本気で練習に打ち込んでいかなくては……、と変化していきました。最近では、「認められたい」とか「褒められたい」という目的を超えて、「伝えたい」という思いに変わってきたのです。

朗読に対する姿勢が、他者を喜ばせたいという意欲につながってから、彼女の読みが人の心を打つようになりました。

「努力は裏切らない」ということをあらためて教えられる思いです。

コンプレックスが輝くとき

「家族から『お母さん、その言葉のアクセント間違ってる〜』って、たびたび言われるんです。どうしてもアクセントがわかりません。教えてください」

百合さんは心理カウンセラーです。人の心に寄り添い、傾聴し、数時間後にはクライアントさんが元気になって帰るのを見ると、この仕事に生きがいを感じるそうです。

そんな百合さんには、どうしても引っかかる悩みがひとつありました。

「必ず『ご出身はどちらですか？』って聞かれるんです。確かに地方出身者ではありますが、自分では標準語で話しているつもりなんです。なんでそう聞こえてしまうのかわからなくて……」

優しいトーンでささやくような響き、そして威圧感のない抑えめで小さな声は、「思わず相談したくなる」「この人になら話してみたい」と人に思わせるものがあります。

しかし、その反面、話をしている途中でイントネーションが変になって、笑いが起きてしまうこともあると言います。そして、大きな会場で大勢のお客さんを前に話す機会には、声が小さくてまったく通らないために、さらにしどろもどろになってしまうのだとか。そのうえ、アクセントを笑われるのではないかというトラウマで、余計に緊張する有様。自宅で家族を前にあいさつの練習をすると、ほとんどの言葉のアクセントが反対で大笑いされる始末です。原稿は書き込みで真っ赤になるほどでした。

これに加えて百合さんには、小さいころから自分を出すといじめられるのではないかという恐怖感を常に持っていました。そのため、極力小さい声でしゃべり、目立たないように過ごすのが日常だったのです。

「いじめられたくない」「目をつけられたくない」と思う気持ちは、大人になってもそう簡単に拭い去ることはできませんでした。長じて人前でお話しする仕事につくとは想像もつかないことでしたが、カウンセリングのワークショップをする機会が増えたこともあり、なんとか解決したいと思っていたときに見つけたのが「朗読教室」でした。

人のカウンセリングをするうえで、声を出すことは自己開示につながる、と伝えながら、これは自分にも言えることと気づいたのでした。堂々と話したい、声を大きくしたい。もしかすると、ここで自分の人生が変えられるかもしれないと思ったのです。

「声を大きく出すこと、これは訓練次第で必ずできるようになります。安心してくださいね。アクセントの修正は気長な気持ちで。朗読では、そのアクセントが強みになることもあるのです。地元の民話などを朗読する際には、その方にしか出せない味になります。きっとうらやましがられる日が来ますよ。いろいろな作品を朗読しながらがんばってみましょう。ただし、これからアナウンサーを目指すならば別ですが、いかがですか？」

そう私が問いかけると、百合さんはびっくりするような大きな声で笑いました。

「アナウンサーになるなんてとんでもない！　無理です、無理。あははは」

それはそれは、しっかりとした大きな声が出ていました。


アクセントとは、広辞苑によると「それぞれの語について定まっている、特定の音節の特に際立った高まりや強まり」とあります。ほかの国語辞典にも、「習慣として、ひとつのことばのある部分を強く、あるいは高く発音すること」と書かれています。標準語アクセントが基本となっている演劇やアナウンサー、ナレーター、声優などといった職業を目指す人は、修正は避けては通れません。

こんな事例があります。

奥様に、「今夜は、カキが食べたい」と言った旦那様。その夜、食卓に並んだのは、秋の果物の「柿」。でも、旦那様は海の幸の「牡蠣」のことを言ったのです。アクセントの違いで間違われてしまいました。同じ「カキ」でも、「カ」を高く、キを低く発音すると「牡蠣」。反対に、「カ」を低くして「キ」を高く発音すると「柿」を指します。

読者のみなさんのなかには、日ごろ当たり前に話しているから、そんな法則があること自体知らなかったという方もいらっしゃるかもしれません。私の教室に通う方は東京出身が多いのですが、その方たちのアクセントが全部正しいとは言えないときもあり、実際かなりの頻度で修正していきます。それは、ご両親の出身地が地方である場合、家庭では両親がご自分の出身地のアクセントで会話するため、小さいときからそれを聞いて育てば、当然その土地のアクセントになるからです。

アクセントは、聞き取りのいい方だと指摘されればすぐに修正できますが、よくない方はなかなか直せない場合もあります。例外もあると思いますが、ものまねが得意な方はすぐに直せるものの、音痴だと言われる方は時間がかかる傾向があるということです。

百合さんは、なかなか直せないタイプの方でした。一緒にランチをしながら楽しくおしゃべりをしているときはまったく気にならないのですが、朗読する、つまり、かしこまった場所でなんらかの文章を読むシーンになると、たちまち変なアクセントになってしまうのです。文字を目で追うと、その傾向は顕著になるようでした。

何度修正しても、数分後にはまた元通り。小さいころから人に何か指摘されることが苦手だったと聞いていた私は、彼女が朗読を嫌いになってしまったらどうしようと心配になったほどです。すると彼女はきっぱりと、こう言いきりました。

「ワークショップできちんと話せるようになりたいという目標があるんです。だから辛抱強くがんばれるんです。まったくかまいません。どんどん指摘してください」

それからも、粘り強くアドバイスさせていただくことが3年続きました。

いよいよ、百合さんにとって初めての朗読ライブが近づいてきたある日のことです。教室に入ってきた彼女は、思い詰めた様子でこう切り出しました。

「先生、私、家で本を読んでいたらアクセントがもうボロボロで、家族から非難ごうごうでした。声も小さいし、出演すること自体、迷いはじめました……」

「大丈夫ですよ。朗読ライブは、自分の上手さを誇示するためのものではありません。私は、百合さんや教室のメンバーを輝かせたいという思いで朗読ライブをやっているんです。そのためには、自分に合った作品を選ぶことが何よりも大事です。なぜなら、好きな作品を堂々と発表する姿こそが観客の心を揺さぶるのですから。百合さんの優しい声が生かせる、百合さんの身の丈に合った作品を探してみましょう。

百合さんが気にしているアクセントは、根気強く修正すれば、きっと大丈夫ですよ」

そう言いました。すると百合さんは、気を取り直したような様子で言いました。

「それならできると思います。読む作品をもう一度選んでみます」

そうして、作品が決まりました。なりゆきわかこ作『そっといちどだけ』。

引退間近の盲導犬との別れを描いた温かいお話は、百合さんにぴったりです。教室生の誰もが、「絶対、百合さんに合っているお話だと思う」「私、涙でボロボロになりそう」「犬の話には弱いのよー」などと声をかけていました。

さっそく練習が始まりました。極力気にしすぎないように、アクセントは事前にすべて修正し、自宅で練習できるように私のサンプル音声も録音してお渡ししました。

ふと見ると、百合さんがシクシク泣いています。お話の内容に感極まって心揺さぶられ、感情が込み上げてきているのでした。その気持ちはわかりますが、どんなに優しさにあふれたお話でも、悲しいお話でも、読み手が泣いてしまってはいけません。しかも百合さんは、お話の内容につられて声も次第に小さくなってしまいがちでした。

「感情の一歩先に行くためには１００回以上読んでください。そうすると冷静になって、作者が何を伝えたいかがわかるし、涙を心にそっと納められるようになります」

百合さんには繰り返しそう伝えました。そして、「朗読ライブ」は、100人が入る会場で昼間に行われること、マイクを使ったとしても、きちんと会場の隅々まで届くような声を出すことが大切であること、そして、観客一人ひとりはそれぞれ価値観が異なるということもお話ししました。

同じ本を読んでも、泣く人もいれば、よくわからないという方もいます。感情が先に立ってしまうと、いい作品もきちんと届けられなくなってしまうのです。

次のレッスンが終わった後、百合さんはこう言いました。

「先生、私、この本を100回以上読みました。本当に冷静になれました。涙が出なくなったのが不思議です。もう泣きません」

ライブ当日がやってきました。当日は、音楽をつけて演出することにしました。

「なりゆきわかこ作『そっといちどだけ』」

イントロとともにタイトルを丁寧にそっと語り、朗読が始まりました。舞台上の百合さんの背筋は伸びて、観客のみなさんを見つめるような声です。

アクセントを気にしすぎるあまり、自信を失いかけていたあのとき。小さい声で、目立たないように、怒られないように生きてきた年月。それでも誰かを励ましたい、誰かの役に立ちたいと思って資格を取ったカウンセラーのお仕事——。

長い間、本を読むことで自分を励ましてきましたが、教室に来て、どんな表現をしても、たとえ間違っても、笑ったり怒ったりしない仲間たちに出会えたことが励みになりました。大きな声を出すことは自分の心を開示することにつながると知り、ずっとつきまとわれていた形のない恐怖がなくなっていったのです。

朗読の終盤、お別れのシーンになりました。百合さんがいつも泣いてしまって読めなかった部分に差しかかりました。音楽が静かに流れます。温かく、包み込むような朗読に、気づくと会場のあちらこちらから、すすり泣く声が聞こえてきていました。

朗読が終わりました。会場からの割れんばかりの拍手に、百合さんは、観客と一体になった瞬間を感じているようです。その表情にはもう弱々しさもありません。

「先生、読み終わった後に知らない人が、『感動しました』ってわざわざ言いに来てくれたんです。それから、教室生の人からも、『アクセント、ばっちり大丈夫だったよ。それ以上に心が伝わった』って言っていただいて震えました。聞いてくれた方が泣いているのを見て、ちゃんと伝わったんだなって思ったらうれしくって」

百合さんのほおに涙が伝っていました。

「朗読が自分を変えてくれるなんてウソだと思っていました。でも、今私は胸を張ってそう言えます。普段主婦をしていたら、スポットライトを浴びるなんてありえません。家にいて、掃除をして、パートをして、食事を作って家族を待つ毎日。小さいころの学芸会だって、田舎だったからスポットライトなんてありませんでしたもの。

表現するって本当に楽しいです。私、この教室に来て本当によかったと思っています。大きい声を出してもいい、自分を出していい、誰にも何も言われない。これまで長く心を押さえつけてきたものを拭い去ることができました。そして、朗読で多くの人を癒やし、感動させたいって、新たな目標ができました。次は、やなせたかしさんの『明日をひらく言葉』を読んでもいいですか？」

なんて素晴らしいことでしょう。

最近、お子さんたちと旦那様に「お母さんが生き生きしていると、こっちもうれしくなるよ」と言われたという百合さん、それ以来、家の中でどんなことがあっても明るくしていようと心に決めたのだそうです。

「私には朗読がある。励ましてくれる仲間がいる。そう思うだけで心が晴れやかになる」

そう明るく語ってくれた百合さん。

朗読ライブの終了後、百合さんが空を見上げると、アートのように美しい空が広がっていました。

このお話のプロミネンス

長年、アクセントやイントネーション、声の小ささにコンプレックスを抱えてこられた百合さんに、自分の声や朗読が人を癒やす効果があることを気づかせてくれたのは、朗読教室の仲間たちでした。彼らは、朗読ライブ後のアンケートに寄せられる彼女への感想の「ホッとしました」「癒やされました」という声にいち早く着目し、ときとして自信を失いそうになる百合さんを励まし続け、常にそばにいてくれたのです。

教室生同士で励まし合えること、認め合えること、素直に他人を褒められること、そしていい意味でのライバル心がうまく嚙み合って、個々のよさが引き出されていったのだと感じました。

自分がコンプレックスだと思い込んでいるもの、じつはそれこそが個性であり、磨くことで光り輝くものになるのかもしれませんね。

私は介護士パーソナリティー

教室の前に立ち、ドアに貼られた「人生が輝く話し方講座」のポスターを見つめました。

「レッスン帰りには、みなさんが笑顔になってくれますように……」

そんな思いとともにドアを開け、今日の講座の準備に入りました。

ソフィアの森では、毎月の朗読教室とは別に、「コミュニケーションスキル」「読み聞かせ」「あがらないスピーチ法」などの講座を随時企画しています。今回の「人生が輝く話し方講座」は、入社して間もない方や、会社で話し方に自信がなくなっている方を対象に企画したもので、全2回の構成。その日の受講生は12名の予定です。

お申し込み時にいただくメッセージの内容から、参加される方々は20～30代のビジネスパーソンという印象でしたので、最新のビジネス用語を予習しての開講です。

ドアを開けると60代のキラキラのマダムが立っています。なんと受講生でした。

お次に来られたのは、ギターを背負い、サングラスをちょこんと頭に乗っけた男性。首だけを動かすあいさつをしながら入ってきます。すると今度は大きなスーツケースがコロコロッとドアからあらわれ、その後ろから持ち主の学生らしき女性が……。

教室の中央には、おしゃれな60代のイケメン男性がかしこまって腰かけています。そしてそのお隣に、顔の上半分を真っ黒な髪の毛で覆い、鼻と口だけをのぞかせた黒いTシャツの40代くらいの女性が、体を丸めるようにうつむいて座っています。

受講生がそろいました。その顔ぶれは、私が想像していたビジネスパーソンではなく、それぞれの生き方をさらに輝かせたい個性あふれる面々だったのです。

おひとりずつ参加の理由をお聞きしました。

「滑舌が悪すぎて、もはや何を言っているかわからないと言われています」

「バンドのステージでのトークが下手すぎて、先日なんかシーンとしちゃったんです」

世の中には、仕事の関係だけでなく、さまざまなコミュニティーでご自分の話し方や声に悩む方が実に多いことがわかります。

黒Tシャツの女性の番になりました。彼女は名前を山口さんといいます。もにゃもにゃと聞き取りづらい声ですが、懸命に言葉を選んでお話しされました。

「自分の人生すべてがコンプレックスです。先日、旦那から『何を言っているのかわからない』と言われてショックを受け、参加しました」

ほおを真っ赤にし、小さい声でつぶやく彼女の言葉に、私はきっぱりお答えしました。

「大丈夫ですよ、山口さん。必ず変わりますよ」

レッスンが始まりました。

背筋を伸ばして、首まわり、肩まわりをほぐし、発音発声練習へと進んでいきます。

山口さんは？　と見ると、かなりの猫背です。

聞き取りにくい話し方をする方は、姿勢が悪い場合がよくあります。そのような方は、きちんと口を開けていなかったり、呼吸も浅かったりする場合が多いのです。それを直すには、口の開け具合をご自分の目で確認していただくのが一番なので、あらかじめ各自手鏡をご用意していただいていました。

山口さんは最初、鏡を恥ずかしそうにのぞいていました。がんばって声を出そうとするのですが、口が少ししか開かず、唇も震えてしまうのです。「できない」と思う気持ちが、ますます心を萎縮させてしまうようです。

「最初はどなたもそうなるので安心してくださいね」

と声をかけると、山口さんは私の目を見ずに静かに微笑みました。

その後、相手が気持ちよく答えられるような質問の仕方や上手な話の聞き方のレッスンに入りました。「話し上手は聞き上手」という言葉がある通り、上手に話を聞くことは上手に話すことにつながります。

4人でグループになってもらい、簡単な質問をし合います。

山口さんの様子を見ていると、どうやら彼女は人見知りするタイプらしく、何か言いたそうにしているものの、緊張のせいかパッと言葉を出すことができないようでした。

初回のレッスン終了後、山口さんはうつむいて、そそくさと教室を出ていきました。

2回目のレッスンです。初回のときにくらべるとレッスン前から教室生同士で会話が盛り上がっている方も見受けられました。

この回は、話し方が上手になるための本格的なワークになります。

お互いの「話し方」を聞き合い、感想を伝え合う時間が始まりました。途中、笑い声も出るようになり、空気はすっかり和んでいます。

意外なことに山口さんは、同じグループのサングラスとギターの男性と打ち解けていました。後で聞いたのですが、山口さんは以前、あるミュージシャンを応援していて、黒いTシャツと目までの前髪は、そのミュージシャンの雰囲気に合わせたものだったのです。

そんなわけで、人見知りな山口さんもサングラスとギターの男性と音楽つながりで話が弾んだようです。気持ちがほぐれたせいか、グループのみなさんの話を聞く彼女は、うなずいたり、相づちを打ったり、表情豊かになってきていました。

このワークは2時間も続けると、恥ずかしいとか、声が震えるというレベルは超えていきます。山口さんは、初回にくらべて声がだいぶ出るようになっていました。

レッスンの最後は教室生を前にしての3分間スピーチです。お題は「私の目指すもの」。順番に思い思いのお話をしていただきました。誰もが声が出るようになり、乗り越えたことや、これからの夢などを堂々と語っています。

最後は山口さんでした。ためらいがちなその姿を見て、短く終わらせてしまうだろうな、とみんなが思いました。

「私は小さいころから病気がちで、ほとんど外出ができませんでした。小学校の高学年になり健康を取り戻して学校に行くと、今度はいじめに遭いました。本当につらかった。誰も助けてはくれなかったのです。

『中学に入ったら人間関係がきっと変わる』と期待していたら、入学して間もなく交通事故に遭い、生死の境をさまようことになりました。こんなふうに、調子がいいときが来ても、体調を崩してまた家にこもる。社会人になって会社で営業成績がトップになっても、また体調を崩して4か月で退社……。

そんな繰り返しの人生です。離婚も経験し、『私ばかりがなぜ？』と思うこともありましたが、今は優しい旦那さんと巡り合って、この講座に行くことも勧めてくれました。

今日、みんなの話を聞いて、つらいのは私ひとりじゃないことも知りました。

以前から考えていたのですが、私、介護職の資格を取ることに決めました。今回学んだことを生かして、お年寄りの方々へ言葉をかけていけたら、こんな私でも誰かを支えていけるかもしれないと思えました」

大きな拍手が湧きました。安心できる仲間へは、心の声が出るものです。このときの山口さんの低音の声からは、安心感と、人を包み込む優しさが感じられました。そして、自分のことを話せた晴れやかな気持ちが伝わってきました。

帰り際、山口さんはとびきりの笑顔で、「来月の講座に来てもいいですか？」とおっしゃり、その後、さまざまな講座に積極的に参加してくださるようになりました。

それとともに、少しずつご自分のことや、「年齢も職業も違う人たちとの出会いは新鮮で、日常を忘れさせてくれます」「みなさんの話を聞いているうちに、自分もありのままでいいんだと気づきました」などと明るい顔で話してくれるようになりました。

ご自身の宣言通り介護職の資格を取得し、介護施設の生活相談員として活躍するようになったある日のこと、山口さんはこんなことをおっしゃいました。

「先生、私ね、自分の見た目も話し方もすべて否定していたんです。

でもこの間、利用者さんに『あなたの声で癒やされる』って言われてうれしかった。

私、これまで自分は人見知りだと思い込んでいました。でも、本当は『人が大好き、表現することが大好き』ということがわかって今の介護の仕事に巡り合うことができました。体がきついときももちろんありますが、毎日楽しい日々を送ることができています。私の心の変化はすべてこの教室のおかげです。もう悲劇のヒロインは卒業です」

その表情には、自信と充実感があふれていました。


それから3年後のことです。久しぶりに山口さんにお会いする機会がありました。

顔の上半分を覆う前髪はすっきりと横に分けられ、明るい雰囲気が漂っています。

「私、地元のコミュニティーラジオのパーソナリティーに応募して採用されたんです。地域の情報を伝えたり、取材やリポート中継をしたりするんです。

先生、いつか私の番組にゲストとしていらしていただけませんか？」

なんて素敵なことでしょうか。3年の月日は、彼女の生き方そのものを驚くほど変えました。「学んだことを生かしたい」という前向きな心が彼女の行動を広げ、思いもよらないチャンスを呼び込んだのです。

そうして、ゲストとしてその番組にお招きいただける日がやってきました。

明るい日差しが差し込むスタジオで、山口さんともうお一方と私の3人で生放送前の打ち合わせをしました。その日のメインパーソナリティーは山口さんが担当。トークの合間に流す洋楽は、さすが音楽好きとあって素敵な曲をセレクトされていました。

3年前、目まで隠れる前髪でうつむきがちに教室に入ってきた山口さん。子どものころは入退院を繰り返し、いじめに遭って、どんなに悲しい思いをされたでしょうか。ご自分の見た目から話し方まですべてを否定してきた人生を経て、「ありのままでいい」ことを知り、「私にも何かできる」という前向きな姿勢をめげずに貫いてきたこと、私に語ってくれた一つひとつが思い出されて胸にこみ上げてきました。

番組スタートまで、あと10秒、9、8、7……、本番。

「今日のゲストは私の人生の後押しをしてくれた先生にお越しいただきました～」

いいえ、山口さん、後押ししたのは、あなたの何ごとにもめげない精神そのもの。

「続いては、ふれあい公園につなぎましょう。リポーターの藤井さーん」
山口さんの温かい声は、今日もゆるやかに街を包みこんでいます。

このお話のプロミネンス

「自分を否定されるのではないか」と必要以上に人に神経を使って疲れてしまうこともあった山口さん。「話し方で人生が変わるのなら……」と講座を受講されて以来、教室の仲間の温かさや優しさ、寛容な姿に触れ続けたことで「自分をさらけ出すことはちっとも恥ずかしいことではない」と、ようやく心を解放することができました。

私の朗読のレッスンでは、新人研修などで取り入れるアイスブレイクでみなさんの心をほぐすことから始めます。これは自己紹介や簡単なゲームなどの、いわば準備体操のようなものですが、のちに「本質的に私は人が大好きだった」と言う山口さんには、このアイスブレイクが心の扉を開くきっかけにつながったと思うのです。

教室に来られたときは、緊張で唇が震えていた彼女が、3年後にはラジオブースでパーソナリティーとしてトークをし、街角リポーターとして走り回る姿を見せてくれるなんて、私はもちろんのこと、当の本人も想像もしていなかったでしょう。

朗読で人の可能性を引き出すお手伝いをする、これこそが私の役割なのです。

本文中に登場した作品

・木村裕一作『あらしのよるに』

ある嵐の夜、暗がりの山小屋でヤギのメイとオオカミのガブが、互いの姿が見えないままに意気投合します。盛り上がった2匹は、翌日再び会うことを約束しますが……。

この作品は、1995年の発売後シリーズ化され、後に舞台やテレビ、映画にもなるほどの人気を博しました。とくに第1作は教科書にも掲載されたほど。そのドキドキハラハラの展開は朗読劇などでも好評で、子どもはもちろん、あらゆる年齢層に、想像する楽しみをたっぷりと味わってもらうことができる作品です。

ただし、朗読する場合は、演技でなく言葉だけで観客の心を引きつけなくてはなりません。そのためには、決して恥ずかしがらず、とくにセリフ部分は息を抜かずにしっかり相手に伝えていくことが必要です。そうすることで聞き手は夢中になって物語に没頭し、まるでその場にいるかのような気持ちになるでしょう。

この作品を若い男性と女性のペアで読んだときには、終演後のアンケートに「ぜひ続きが聞きたい」というリクエストが多数寄せられました。

ぜひ、発表会などで上演してみてください。

・川上弘美作『どうにもこうにも』（『おめでとう』所収）

恋愛短編集『おめでとう』の中に収められた1編。どの作品も中年女性が主人公で、読んでいるそのときどきの心境にピタッと当てはまるものがあるのが不思議です。

このお話は、モモイさんという女性の幽霊に突然取り憑かれてしまうのですが、じつはモモイさんと主人公には同じ男に捨てられた過去があったのでした。あの世とこの世に生きる女性同士は、どうにかしてその男に復讐してやろうと結託します。

おかしさに笑わされつつも、心に余韻を残す温かな雰囲気に、つい癒やされます。ユーモラスな話だからといって作為的に朗読してしまうと、逆に伝わらなくなります。むしろとぼけた感じで淡々と読んだほうが聞き手の気持ちをくすぐるかもしれません。

・なりゆきわかこ作『そっといちどだけ』

視覚障がいを持つあかねさんの「目」として、ともに過ごしてきた盲導犬ステラ。やがて時を経て、ステラの引退の日が訪れます。この作品は、そのお別れまでを美しい絵と優しい文章で丁寧に綴った絵本です。

お迎えの車に乗せられていくステラにあかねさんが「さよなら」を言うシーンには、思わず涙してしまいますが、読み手が感極まってしまわないように気をつけましょう。読み手の感情がこみ上げる姿に、聞き手は現実に引き戻されてしまうことがあるからです。朗読会などで、悲しいお話や感動的な作品を朗読したい場合は、涙が出なくなるまで何十回も練習するようにします。

疲れた心を癒したいときは一人でそっとページをめくってください。感じるままを声にのせて。

・やなせたかし作『明日をひらく言葉』

国民的キャラクター「アンパンマン」の作者、やなせたかしさんが、自らの生い立ちや、必ずしも順風満帆ではなかった人生を振り返りつつ、仕事に対する姿勢や人生観などを、やなせさん自身の言葉で綴った作品です。

ある方が朗読発表会でこの本の前書きを読まれた際、やなせ氏の言葉の力と、「どんなことがあっても自信を持って生きていきなさい」という優しくも温かいメッセージに、会場内がほんわりとした空気に包まれました。

朗読にまつわる用語　その一

朗読では、作品をよく読み込み、理解を深めて語ることが大切ですが、その前に聞き手に伝えるための音声表現技術を知る必要があります。ここで主なものを紹介します。

・プロミネンス

文の中で、とくに伝えたい言葉を強調して伝えること。方法としては、声の高低を変える、大きさを変える、スピードに緩急をつける、言葉の前後に間を置くなど。これはビジネスなどでのプレゼンテーションに使うと、聞き手に大事なワードをしっかり残すことができて効果的です。

・間《ま》（**ポーズ**）

言葉と言葉の間の休止のこと。単に「息継ぎ」の意味ではなく、感情表現方法のひとつです。プロミネンスしたい言葉の前後に間を置いたり、聞き手に緊張感、期待感を持たせたりするときに、一瞬短い間を取ることもあります。

落語や演劇、お笑いなどの表現の世界では、間ほどむずかしいものはないといわれています。

・アクセント

一つの語句（単語）の中で、発音を高くしたり、低くしたりすること。日本語のアクセントには頭高《あたまだか》、中高《なかだか》、尾高《おだか》、平板《へいばん》の４つがあります。アクセントの基本は共通語ともいわれ、朗読の場合のほとんどが共通語で語られますが、その土地のアクセントで語られる民話の朗読などには独特の味わいがあり、誰にも真似のできない個性ともなります。

・イントネーション

ひとつの文全体に音の高低、強弱、プロミネンスをつけて、文の意味合いを表現すること。語尾の音の上げ下げだけでも、伝わるニュアンスはまったく変わってきます。意味通りのイントネーションで読むことを心がけます。

第二章

成長

お父さん、聞こえてますか？

「何言っているのか、聞こえませーん。もっと大きな声でお願いしまーす」

この言葉をこれまで何回言われ続けてきたかわかりません。

美希さんは、最近地域の自治会の役員になりました。お酒を飲むと人格が変わるおじさん、がらっぱちの年配女性、パワハラとも取れる発言を平気でするおじいさん……。自治会は、まさに人生そのものを磨いてくれそうな人たちの集まりでした。会合はしょっちゅう行われ、飲み会もあります。そこでは司会も務めなくてはなりません。美希さんが自己紹介をすると、「なんだかさっぱり聞こえないねー」なんて言われる始末。ここでもか……、と半分諦めの心がよぎりました。じつは、美希さんには声がなかなか出せないコンプレックスがあったのでした。

物静かな美希さんは、旦那様と二人暮らし。最近、自然が豊かな郊外に一戸建てを購入し、都心から引っ越してきました。緑に囲まれた住まいは駅からさらにバスで15分の距離にあります。町内の自治会に入ると、待っていたかのように役員が割り当てられました。

まだ若い美希さんは書記を担当することになり、広報にも携わらなくてはなりません。旦那様はほとんど家にいないため、美希さんがひとりで請け負わざるをえないのでした。

慣れない土地での慣れない職務。そこでさっそく受けた、「聞こえませーん」の洗礼のショックから、「声を大きく出す方法」をネットで検索していたところ、「朗読教室」の文字が。そうして私を訪ねてきたのでした。

初めてお会いしたとき、美希さんの声が小さいのは確かでした。ただ、本来持つ地声に力強さがあり、きっぱりとした発音・発声ができるところから「きっと声が出るようになる」と私は感じました。

「絶対大丈夫、響きのある声が出るようになりますよ」

と私が言うと、美希さんは、

「私、自信がありません」

控えめではあるものの、即座にそう答えられました。

体もあまり丈夫ではないご様子でした。呼吸も浅く、咳き込みもあって、病院へ行くことも多かったようです。

「小さいころ、授業中に学校の先生から『もっと大きな声を出せ！』と怒られてばかりいました。だから、そう言われる前に、遠くにいる人には近くまで走り寄って話すようにしています。人に説明しなければならないときにうまく話せないのもいやです。なんとか声が出せるようにしたいのです」

そんな美希さんは、見かけによらず子どものころはかなりの男勝りで、お人形やおままごとなどにはまったく興味がなかったそうです。バットを振り回し、何度お父さんから叱られたかわかりません。崖から忍者の格好をして飛び降りたこともあったそうです。遊び相手は男の子たちばかり。刀に見立てた棒は彼女の宝物で、夜は抱いて寝るほどでした。けんかも負け知らずで、お父さんが心配してたびたびかわいいお人形やぬいぐるみを買ってきてもまったく興味を示さず、全部親戚の子どもたちにあげてしまったほどだとか。地声の力強さはここから来ていたのかもしれません。

その一方で、話し下手を女の子たちにからかわれることが多く、小学生のころは、美希さんがしゃべっているとわざと横から割り込んできて話を途切らせるような意地悪をされ続けてきました。子ども心に「私のしゃべり方がだらだらしていたり、つまんなかったりするからかな？」と思うこともありましたがどうすることもできず、とうとう今日まで来てしまったと言います。

そんなとき彼女の支えになったのは、童話や本を読むこと。それは誰にも邪魔されない時間でした。いつしか美希さんは、物語作家になって自分の作品を朗読できたら、そして子どもたちを対象にした発表会を開くことができたら……。それが夢になっていました。

「自治会のみなさんに、『聞こえないねー』と言わせないためにも、自分の将来の朗読会の夢を実現するためにも、がんばっていきましょうね。応援します」

私がそう言うと、美希さんの目にはうっすら涙がにじみました。


「声が小さい」というのは、声の悩みのなかでも多いもののひとつです。残念ながら生まれ持った声質を変えることはできませんが、声をしっかり響かせれば、大勢の前で話すときだけでなく、普段でも十分遠くまで届く声にすることができます。

この場合の解決策には2つあります。

まず、母音をはっきり発音すること。声が小さいと言われてしまう人の発音を観察すると、ほとんどが話す単語の母音を十分に伸ばせていません。極端に言えば、子音だけをつなげて言葉を発しています。だから聞き取りづらいのです。お風呂場で歌を歌うと上手に聞こえるのは、母音が浴室内に響くから。そのせいで、よく通る声に聞こえるのです。

もうひとつは、言葉の第一音、つまり「りんご」であれば「り」、「私は」であれば「わ」を、はっきり、強く明瞭に発声するのです。そうすると、たとえ声は小さくても響きが出てくるので相手にきちんと届きます。

美希さんには、母音を伸ばして朗読する方法からトライしていただきました。最初はなかなか要領がつかめなかったようでしたが、何度か練習するうちにコツがつかめてきた様子です。周りの教室生にもその変化が伝わり、思わず拍手が起きました。

美希さんも、「違う自分になったみたい」と効果を実感したようでした。

その次に必要になってくるのが、「相手に言葉を伝え、届けよう」とする意識です。

「これまで、自治会で一番後ろに座っている人や、高齢の方に声が届くように話そうと意識してきましたか？」

そう聞くと、

「そんなふうに考えたことは全然ありません。話すことと議事録を読むことで精一杯です」

教室生の先輩からも、「やっぱり、それが原因ね」とズバリ言われてしまいました。

それからの美希さんは、レッスンで学んだことを自治会の集まりで実践していきました。

するとどうでしょう。あるとき、お酒好きな男性のひとりに、「最近は、きちんと聞き取れるぞー」と笑いながら言われたというのです。次第に「聞こえませーん」と言われることが減ってきたのでした。

じつは、レッスンを始める前は美希さんよりも旦那様のほうが朗読は上手だったといいます。なんでも大学時代に文学研究会に所属していたとかで、発音も滑舌も明瞭。美希さんの練習の指導にも最初は協力的だったそうです。

ところが、それから久しぶりに旦那様が、「指導してあげてもいいよ」と言ってくれたので読んでみたところ、「美希のほうが断然うまくなっている」と言ってショックを受けてしまったのだとか。うれしくなった美希さん、それからはレッスンにますます力が入るようになっていきました。

3か月後、美希さんにとって初めての発表会が迫ってきました。

私は、美希さんの小さくて細い声の個性を生かせる作品を朗読することが一番だと考え、小泉八雲の作品を勧めてみました。予想もしていない作品に最初は戸惑っていた美希さんでしたが、すぐに「やってみます」と決意を見せてくれました。

小泉八雲といえば、『耳なし芳一』が有名ですが、『むじな』『葬られた秘密』など、日本全国の怪談、幽霊話を再話した作品は多くの人々に朗読されてきました。

教室生たちで「美希さんには何がいいだろう？」と話し合いが行われました。

一番年齢の若い男の子が、いきなりこう言いました。

「美希さんは、やっぱ、『雪女』でしょー」

髪が長く、色白だからという理由です。もちろんみんなに異論はなく、決定。それから美希さんは仲間たちにもアドバイスを受けながら一生懸命練習をしていきました。


発表会当日です。いよいよ美希さんの出番になりました。彼女の姿を見ると、姿勢がすっと伸び、堂々としています。

長い髪を前の方にさらっと寄せて、『雪女』が始まりました。会場内に、茂作《もさく》、巳之吉《みのきち》の声がちゃんと響いていきます。

男勝りでチャンバラが大好きだった子ども時代。その一方で、控えめに見えたばかりに女の子からいじめに遭うことも少なくなかったこと、仕事をしていたときも同僚からいやがらせを受けたこと、すべて声が小さいことが原因でした。

そんな美希さんが、これまでの殻を破って大勢の前で堂々と力を込め、朗読しています。終盤には、これまで聞いたことのないような迫力と勢いのある雪女の声が、お腹の底から響きわたっていました。

出番を終えても、ステージでの緊張と、すべてを出しきった充実感からなのでしょうか、美希さんの震えはしばらく止まらない様子でした。アンケートでは、「最後は雪女の思いが胸に迫ってきた」「迫力があった」と感想が寄せられ、「次回の発表会では雪女を読みたい」という教室生が現れるほど心を揺さぶる朗読だったのです。


発表会が終わってしばらく経ったころ、美希さんからレッスンのお休みの連絡がありました。ご実家のお父様の具合が急変したとのことでした。そして、残念なことに実家に戻ってすぐに亡くなられたと連絡がありました。

小さいころ、男の子の遊びばかり大好きだった美希さんを心配し、お人形や、かわいいお洋服をたびたび買って帰ってくれたお父さん。忍者ごっこをして叱られたこと、自然好きにさせてくれたこと……。そんな優しいお父さんとのお別れは、どんなにおつらかっただろうと案じていました。

葬儀を終えた美希さんが、ご実家から帰ってきました。

「今回、病気の母の代わりに、葬儀で遺族代表として私があいさつをすることになりました。でも、今までいっぱい教室で練習してきたので、たじろぐことはありませんでした。あいさつが終わると、親戚の叔父叔母や地元の人たちから『すごく立派だった』『堂々としていた。たいしたもんだ』って、お褒めの言葉をいっぱいいただけたんです。そのとき、父から褒められたんだと感じて、ずっと泣かなかったのに涙が堰を切ったように流れ出しました。

ずいぶん心配させてなんの親孝行もできない私でしたが、父のために最後はきちんとみなさんにごあいさつができたことで、少しは責任が果たせたかなと思いました。

まさか朗読が葬儀でのごあいさつに役に立つとは思ってもみませんでした。これも先生や仲間のおかげです。ありがとうございました」

そう語る美希さんからは、以前のような弱々しさはすっかり消えていました。お父様もきっと、美希さんが子どものころと変わらない笑顔で見守ってくれていることでしょう。

美希さん、今度の朗読ライブはちょっぴりかわいらしい作品に挑戦してみませんか？

天国のお父様に喜んでいただくために。

このお話のプロミネンス

声が通らない。大きな声が出せない。そんな悩みを抱えている方のなんて多いことでしょうか。書店の話し方関連本の棚には、ありとあらゆるボイストレーニングの本が並んでいますが、いざ実践してみようとしてもひとりではなかなかむずかしいもののようです。

引っ込み思案で声が小さい美希さんが、物怖じせず人と対応できたり、人前で堂々と大きい声で話したりできるようになった理由のひとつに、朗読発表会へ出演を重ねたことがあげられます。人前に出るのが苦手という方は、えてして自分がどう見られているかという他人の評価ばかりに意識が働き、緊張してしまうのだと思います。人前で朗読すると、聞き手に作品のよさを伝えたいという気持ちが出てきて自分に意識が向かなくなるため、大勢の観衆を前にしても自分の声の通らなさや小ささがまったく気にならなくなります。

人前に立つことがむしろ楽しくなってきた彼女は、最近では地域の子どもたちに向けて朗読劇イベントの企画も始めました。

「いつか自作の絵本を子どもたちに届けたい」

そんな夢を語る表情には、いっそう輝きが増しているのでした。

魅力倍増で婚活成功！

ライターの宮田さんは、月に一度「ライター講座」を主催しています。

「すみませーん。何言っているのかわかりません……、もう一度言ってくださーい」

小さいころから自分の滑舌が悪いのは知っています。ただ、面と向かって言われるのは初めてのこと。しかも、一番前に座っていた女子大生からでした。

授業が進むにつれて、つまらなそうにしている人、目元が鎌倉の大仏さまのように半眼になってしまっている人、しきりに水を飲む人など、明らかに行動がそわそわする人が出てきます。もしかすると自分の話し方は伝わっていないのかもしれない、とだんだん思うようになってきました。

飲み会では、周囲のにぎやかさに声がかき消され、「あれ？　宮田さんいたんですかぁ〜」なんて言われる始末。さすがにショックを受けた彼は、近くの書店へ駆け込みました。そこで手にした話し方の本に書かれていた一文に目が留まったというのです。

「話し方を学ぶには〝朗読〟が効果的」。

そうして私のところにいらっしゃいました。

宮田さんは、某国立大学を卒業後、大手の出版社に勤務。その後、フリーのライターとなり、主に実用書の執筆を手がけています。その一方で、ライター講座やセミナー講師も務めており、人前で話す機会は少なくないようでした。

そんな宮田さんですが、小さいころから言葉がはっきりせず、小学校の学芸会では、いつもその他大勢の役ばかり。母親に「ひと言でいいからおまえのセリフを聞きたい」と言わせてしまったこともあるほどです。

高校生になると、無理して何か話すよりも黙っているほうが楽になりました。初めて彼女ができたときも、「黙っていても気持ちは通じるはず」と思い込んでいたために、たった3日でフラれてしまったこともあります。どんな場所、どんなシチュエーションでも宮田さんが率先して話すことはなく、相手が話さなければその場がシーンとして、気まずくなってしまうのでした。

宮田さんの発声は舌の位置が不安定であることに加えて、唇の筋肉がぼんやりと緩んでいるせいで、声全体がぼやけてしまっていました。とくに「タ」行と「サ」行が聞き取りにくく、舌と歯の摩擦音と唾液の溜まる音が相まって、聞き取りにくさを増していました。その発音のせいで、見た目も自信がないように見えるのです。

「僕の話の内容は論理的だし、コンテンツさえちゃんとしていればまわりに理解してもらえると思ってるんです。それ以上に何が必要なんですかね？

それなのに講義中には寝られるし、友達にも『おまえの話は聞きにくい』なんて言われるんです。声なんかは用が足りればいいし、出ればいいと思っていますから、まったく意識したこともないし、話し方に気を遣ったこともありません。いちおう話し方の本は最後まで読みましたが、朗読がなぜ効果的なのか、正直わからないですね。

あっ、そうだ。この会話を録音してもいいですか？」

おもむろに、宮田さんはボイスレコーダーを取り出し、セットしました。さすがライターだけあって、どんなときにも録音機を携帯されているのだと思いました。

「宮田さん、すごくもったいないですよ。どんなに立派なお話であっても、声が小さく聞き取りづらいと聞き手の心がたちまち離れてしまいます。たとえ人柄が素晴らしくても、どう話すかでせっかくの内容が台無しになってしまうこともあります。

伝え方に工夫をしていけば、きっと今の何倍も宮田さんの魅力が引き出されていきますよ。今以上に人気講師になるのではないでしょうか。楽しみですね」

そう私が声をかけると、宮田さんはほおを赤らめて頭をペコっと下げられました。

大学の講義でも、しゃべりで学生を引きつけられる先生、逆にモソモソしゃべって学生を眠らせてしまう先生がいます。

前者はやはり学生の人気も高く、履修できるかどうかが抽選になってしまう場合もあります。一方、後者の先生の授業では、学生はテストさえがんばれば授業には出なくてもいいと思ってしまいます。しかも先生によっては、その元凶を作っているのが自分だということを自覚できていない場合が多いようです。リピーターを作る。人気の講師になる。それには声と話し方がいかに大事であるかがわかっていないのです。

私は、その重要性に気づいた学校の先生やセミナー講師、ヨガのインストラクター、歯科医師、弁護士や税理士などといった士業の方など、今までおよそ100名以上の方とお会いしてきました。講演を控えたみなさんが、まるで駆け込み寺のようにレッスンを受けに来られることも多くあります。

一方、会社の宴会の2次会で司会を頼まれた女性が、「ビンゴゲームを楽しく盛り上げたいのでその方法を教えてください」といらっしゃるケースもありました。

「スピーチ法」「話し方」は一度覚えれば、生きていくうえで一生涯使える最高の武器となるのです。

いよいよ宮田さんのレッスンが始まる前、私は彼に聞いてみました。

「宮田さんは、どんな声を出したいですか？　あこがれの声はありますか？」

「んー。やっぱり、福山雅治さんですかね」

なるほど、福山雅治さんの声は低音でよく響き、ダンディーさも兼ね備えています。男性でもあこがれる声ではありますし、目標設定も自由ですが、宮田さんはやや高音の声の持ち主です。ちょっと目標設定が遠いな……、とは思いましたが、何を目指すかを明確にしていくことはとても大切です。福山雅治さんを目指したトレーニングは、発声の基礎から取り組むことになりました。

ところが、宮田さんには口を開けて話す意識すらまったくなかったようで、発声練習からつかえてしまうのは当然のこと。頭では「う」と言おうとするのですが、口の形が「え」

になってしまい、なかなかスムーズにはいきません。

「思ったことがずっと言えないのは、初めは仕方がないです。

でも、声を出して文章を読む練習をすると、頭が活性化されますよ。とくに前頭葉が刺激されていきます。いざというときに思い通りの言葉、言いたい言葉が自然に出てくるようになりますから、がんばりましょう」

発声練習を始めた宮田さんは、3分もしないうちに汗びっしょり。今は真冬です。

少しでも発声練習を怠るとたちまち元通りになってしまうので、家で練習する習慣をつけるように、「発声・滑舌練習プリント」を渡しました。宮田さんはこれを3枚コピーし、1枚は冷蔵庫、1枚はリビング、もう1枚はトイレに貼りつけたそうです。

日常的な発声練習に加えて、樋口一葉の『たけくらべ』を何回も音読することと、芥川龍之介の『羅生門』に表現をつけてドラマチックに演じる練習も始めました。

とても真面目に真摯に取り組んでくださる姿勢が好ましいなと思っていたある日のこと、教室に入ってきた彼から驚くべき報告がありました。

「彼女ができたんです!」

セミナー講師として成果が発揮され、受講者の態度が変わってきたんです……、という結果よりも先に、彼女。レッスンを始めて2か月後のことでした。発声練習が功を奏したとは言い難いものの、こちらもうれしい気分になりました。

「毎日声を出すことで、これまで感じたことのない快い気持ち、ポジティブな思考にだんだん変わってきたんです。毎日ワクワクするんですよね。家族からも、最近はよく話すようになったって言われるようになりましたし。それで、以前から気になっていた人に、はっきりと告白しようって自信がわいたんです」

発声が宮田さんの人生を変えたのですね。こんな素晴らしいことはありません。

私はそんな宮田さんに発表会へ出ることを勧めました。

「ステージで声が通らないと、観客は寝てしまいますからね。安定した適切な声がきちんと出せるようにがんばりましょう。それから、宮田さんは息が弱いので、しっかり吐ききって鼻から吸うことを1か月間、意識して生活してください。発表会にはご家族やお友達、それに彼女も誘うようにしてくださいね」

そう言うと、まんざらでもなさそうな宮田さんです。私は、こうつけ加えました。

「姿勢が猫背気味なので気をつけてくださいね。見た目もかっこよくなりますよ」

姿勢と呼吸。じつは発声にはとても大事なことなのです。

作品は、芥川龍之介の『蜘蛛の糸』を読むことになりました。宮田さんの気合の入れようは相当で、全文暗記するほど。さすがの私もびっくりです。

しかもレッスンが進むにつれて、彼の見た目が変わってきました。これまでヨレッとしたポロシャツを着て髪もボサボサだったのが、センスのいいシャツを着こなし、髪形やヒゲが整うなど、180度大変身。別人かと思うほどです。

発表会当日。無言になっている宮田さんを見た私は、開演時間前に出演者全員で『手のひらを太陽に』を大きな声で歌うことにしました。普段、宮田さんは個人レッスンを受けているため、ほかの教室生と会うのはその日が初めてだったのです。1曲歌い終わると緊張した気分はやわらぎ、出演者同士親しく声をかけ合ってにこやかな雰囲気です。すっかり心もほぐれたようでした。

「今日、彼女が聞きに来てくれることになりました」

宮田さんが、そう言います。それで緊張していたのですね。

「普段通り、がんばってやれば絶対大丈夫ですよ。

言葉は相手に届けるものです。作品を『読む』のではなくて、観客に向かって『話しかけて』ください。リポーターになったつもりで、お釈迦様の見ている様子とカンダタの心をしっかり伝えてくださいね」

そう言って握手をし、舞台に送り出しました。

宮田さんの朗読はなかなか落ち着いたもので、ときおり観客へ目線を注ぐ余裕も見えました。ゆったりと構えた表情は頼もしくさえありました。

「ステージでの朗読は気持ちいいですね。僕、すっかり朗読にはまってしまいました。観客へ『伝える』っていうことが、少しわかったように思います。最初のレッスンのとき、『福山雅治さんの声になりたい』なんてよく言えたものですよね。恥ずかしいです。

本当にいい経験をさせていただき、ありがとうございました」

出番の後、すっきり輝いた表情で宮田さんは、そう話してくれました。

「最近、仕事の発注が増えてきています。セミナーも、受講生から『楽しい』って言われるようになって満席が続いています。これもすべて朗読のレッスンのおかげです。

それから、春に結婚することになりました。発表会に来てくれた彼女とです。仕事の都合で地方に行くことになりましたが、東京に戻ってきたらまた教室に来ますね」

宮田さん、どうか幸せになってください。

そしてみっちり鍛え上げたその声で、奥様に「朗読」を聞かせてあげてくださいね。

このお話のプロミネンス

声が小さく、普段の会話も何回も聞き返されることに嫌気がさして朗読教室を訪ねてきた宮田さん。それまで声や話し方に関心を持ったこともなく、「聞く側に立って話す」など考えたこともありませんでした。

発声のための練習シートを渡したとき、これで本当に伝わる話し方ができるようになるの？と訝っていましたが、レッスンを重ねるごとに周囲の人から「聞き取りやすくなった」と言われるようになり、次第に人前に出て自分の朗読を聞かせたくなったのです。「朗読ライブに出たい」とおっしゃったときは正直びっくりしました。ステージを待ち焦がれるくらいになれたのです。

話し方や声の訓練が人にいい印象を与えられることがわかると、もっと喜んでもらいたいという気持ちになり、自分も元気になっていけます。宮田さんは、表情や姿勢、ファッションまでも印象が変わり、ついに素敵なパートナーに出会うことができました。これこそが、人生を変えたサクセスストーリーです。

丸くなった〝仕事の鬼〟

土曜日クラスに川原さんが加わったのは、夏の終わりも近づいたころでした。彼はＩＴコンサルタント会社で、営業と部下の育成・指導を任されて全国を飛び回る、脂の乗り切った50代の営業マンです。

朗読教室に入ることになったきっかけは、コンビニの店員さんに伝えたオーダーを聞き返されることが多くなったことでした。「肉まんをひとつ」と言っても袋に２つ入れられる。「アイスティーひとつ」と言うと、毎回「えっ？」と聞き返される……。とうとう、自分の滑舌が原因かもしれないと気になりだしたのです。

10年以上前、大阪に赴任していたときに朗読教室へ通っていたことを思い出した川原さんは、「もう一度朗読教室に行こう」と思い立ち、私の教室を訪ねてこられたのでした。

一般的に滑舌が悪いというのは、発音が不明瞭であったり、言葉がつかえることなどを言います。川原さんは、スラスラと話したい気持ちがあるのに口が思うように回らなくて、自分についイラッとしてしまいます。それを何度も繰り返すと、また間違えるのではという焦りが生じ、かえって悪い循環に陥ってしまうようです。

現在の国語教育では、日本語の発音、発声の指導はほとんど行われていません。小学校に入学して間もないころに、国語の授業で五十音を大きな声で読み上げることぐらいではないでしょうか。学生時代は気にならなくても、社会に出て、そこで初めて自分の話し方に向き合い、コンプレックスを持ったり、自信をなくしてしまったりしたという話は、よく耳にします。

川原さんが初めてレッスンに参加したときのことです。いつも通り、みんなの前で自己紹介をしていただきました。

本人が名前を言ったとき、ほかの教室生のひとりが、こっそりお隣の人に「〝かわはさん〟っていうの?」と尋ねているのが聞こえてきました。川原さんはそれに構わず、つかえながらもニコニコ顔で一生懸命ご自身のことを語られていましたが、残念ながら周りはうまく聞き取れません。滑舌以前に声が小さく、しかも早口で、急かされているようにも聞こえました。

レッスンが終わった後、川原さんはこう言いました。

「今日はおかげさまで噛まずに話せました。いやあ、上手な方ばかりで戸惑いますが、久しぶりに声が出せて気持ちがよかったです。すごくやる気も出てきました。ただ、下手くそすぎて、周りのみんなに迷惑かけていませんでしたか？」

「迷惑なんてないですよ。初めてのときは誰でも緊張します。

川原さんは、まず声を大きく出すことと、ゆっくりお話しすることの2点だけを努力してくださいね、がんばりましょう」

私は、そう言いました。

朗読は、相手が内容を理解し、想像できるように言葉を届けていくことが大切です。川原さんは、話を聞いている人が今どう感じているかなど、周りの気持ちを察することが苦手なようでした。

川原さんは、その後のレッスンは誰よりも早く教室に到着して、滑舌の自主練習に励むようになりました。当初の目的である、「滑舌をよくする」ということだけでは収まらず、朗読そのものが楽しくなってきたのです。教室生から、「川原さんは楽しそうに朗読するよね。滑舌はまだまだだけど」と言われたことが励みとなり、積極的にいろいろな作品にトライするようにもなっていきました。

それから3年が経ち、クラスには新しい顔ぶれも増え、川原さんもクラス内で中堅になったころのことです。以前は数名の前でも大汗をかいて朗読していたのが、すっかり落ち着き、滑舌・発声練習に使われる「外郎売《ういろううり》」の口上もつかえずに朗々と言えるようになっていました。

ところが、以前ご自分がそうだったにもかかわらず、滑舌に悩む男性の教室生に対して傷ついてしまう言葉をさらっと言うような態度が目につきはじめました。

「それ、聞き取りにくいですね」

「もっとたくさん本を読んだほうがいいよ」

女性にはそれほどでもありませんでしたが、男性に厳しい方だったのです。

同じ注意でも、教室生に言われるとやはり不快な気持ちになります。朗読のクラスはチームワークが大切です。これまでも、たったひとりの言動でクラス全体がいやな雰囲気になることがあると感じてきました。それだけに、みんなが平等に気持ちよくレッスンができる環境づくりを心がけてきたつもりです。

発表会のための準備が始まり、クラスで出し物の企画をすることになりました。みんなの声と気持ちをそろえる群読を提案したところ、全員一致で谷川俊太郎さんの『生きる』を朗読することが決まりました。

群読というのは、ひと言で言うと「声のパノラマ表現」です。緩急やスピード、強弱、重ね合わせによって言葉を立体的に表現するその方式は、まさに芸術に匹敵すると思っています。多人数で声をそろえて際立たせることで聴衆を感動に導くことができるため、教室では一番人気がある出し物です。ただ、群読にはチームワークが何よりも求められます。自分だけが目立ちたい、うまくやればいい、かっこよく演じようと思うと、全体がたちまち崩れてしまいます。

最終練習をしていたときのことです。若い男性が寝坊して遅刻してきました。川原さんは、熱心なだけに怒りがおさまらない表情になっています。

私は、川原さんを教室の隅に呼び、こう言いました。

「どんなことがあっても彼を責めないでください。教室では、相手の状況を推し量ることも大事です。何か事情があったのかもしれません。それを想像していくことが大切なんです。言いたいことがあったら彼に言うのではなく、私に言ってきてください」

川原さんは少し不服そうな表情をされましたが、「はい、わかりました」と受け止めてくれました。常に正義感があり、発表会では私の見えない部分を手伝ってくれる細やかさもある川原さんの内心は、十分理解できました。

これまで、どんなに川原さんの滑舌が悪くても、笑ったり、指摘したりする教室生は誰ひとりいませんでした。いつも、いいところを褒めてくれたり、「よくできたね」と拍手で励ましてくれたりしたことで川原さんのモチベーションが上がり、上達につながってきたのです。

川原さんは、自分にはもちろん、部下にも厳しくしてきたからこそ営業成績もトップを守り続けてこられたのかもしれません。しかし朗読では、作品に登場する人物の心を読み取り、どこまでも考え、想像することが何よりも大切なことなのです。私は何をおいても、そのことを理解してほしいと思ったのです。

そんなできごとがあった後、いよいよ発表会当日を迎えました。

開演前、川原さんは私にこう言いました。

「私は滑舌ばかり気にして、自分さえうまくやればいいぐらいにしか考えていませんでした。だから、群読で一番大切なのは、仲間の気持ちを理解することだなんて目からウロコでした。

私はずっと、仕事は成績がすべてだと思って突っ走ってきました。だから、どうしてもゆるくやっている人を見ると怒りがこみ上げてくるんです。でも、そうじゃないってことがよくわかりました。この学びを仕事で生かすことができたなら、部下も変わるかもしれないですね。

それに、今の自分だったら妻に離婚されなくてすんだかもしれません……」

思いがけなくプライベートの事情を打ち明けてくれた川原さんは、これまで見たことのないような、すがすがしくて明るい表情でした。


プログラムが進み、出番が回ってきました。仲間から心配されるほど、川原さんの顔は汗だらけです。

全員が舞台に並びます。

メンバー全員が、仲間の声を心で感じ合いながら進んでいきます。

生きていることの喜び、さりげないできごとの一つひとつが奇跡であり、喜びであり、すべて偶然ではないという、この詩の意図をまっすぐに聞き手に届けることができるでしょうか。

舞台には、緊張で声が弱くなった人の声をメンバー同士で支え、お互いの声を聞き合い、心で声を合わせようとする気持ちが渦巻いていました。そんななかでは、滑舌を気にしてばかりいることが小さく感じられます。

メンバーの「伝えたい」という思いが客席に届き、感動の輪となって広がっていきました。命の息吹を会場に響かそうとする声は圧巻でした。

20代から60代の幅広い年齢層の教室生たちが、朗読を通して「仲間」になった瞬間でした。群読が、いっそうお互いの心を思いやれるきっかけになったようです。

「先生、この年齢になって新たな友達を作ることはむずかしいと思っていました。でも、この間の発表会の後は帰りにみんなででっかいパフェ食べちゃいましたよ、30年ぶりです」

発表会が終わって次のレッスンにやってきた川原さんの表情は、キラキラと輝いていました。

以来、川原さんは、教室生のなかで困りごとを抱えている人を見ると、帰りには必ず声をかけるようになりました。就活で悩んでいる人を見れば、朗読レッスンの後で教室の机の配置を変えて、面接セミナーに早変わりさせるということもありました。川原さんが面接官になり、エントリーシートの書き方までアドバイスするのです。そうやって就活のアドバイスをした人を内定にまで導き、若い人の喜ぶ顔を目の当たりにした川原さんは、手応えを感じはじめたようでした。

「朗読を始めてから、会社の関係の人に『優しくなったな』とか、『部下に声をかけるようになって人が変わったようだ』と言われるようになったんです。教室での出会いは自分を大きく変化させてくれました。

娘の就職も決まって将来が楽しみでもありますが、逆に自分が毎日を楽しく生活しているところを娘に見せることで安心させられると思うようにもなりました。

定年になったら、悩める若い人たちを応援していくために、まずは心理カウンセラーの資格を取ろうと思います。そのための準備も始めるつもりです」

そこには、頻繁に言葉を聞き返されていた川原さんはいません。相手に心を寄せ、ゆっくり話せるようになった彼は、すっかり顔つきまで優しくなりました。

川原さん、新たなる目標が見つかって本当によかったですね。

いつの日か、朗読で人を癒やすことのできるカウンセラーになってくださいね。

このお話のプロミネンス

川原さんは、朗読発表会がきっかけとなり、「話すときは一方的に話すのではなく、相手の心を意識して話す」ということに初めて気づきました。

「もし朗読を習わず、そのことに気づかないいまま50代になっていたら、もはや自分は変われなかっただろうと思う」とおっしゃる川原さん。職場での新人研修や、若い人たちとの会話でも、必要最低限のことだけを述べたら、あとは自分で考えなさいと突き放すことが多かったという彼が、「相手のことを意識して話す、相手のことを思いやって話す」ことに気づき、変わったのです。

同僚や部下の方からは「丸くなった」と言われるようになり、社長からも信頼を得て、新規開拓事業を任されるまでになりました。ほんの小さな気づきが、自分の仕事に大きな変化を及ぼしたのです。

自分を変えるきっかけは、じつはほんのちょっとしたことなのかもしれませんね。

挑戦することを怖がらないで

日ごとに梅雨の色合いが濃くなり、教室前の植え込みの緑は雨を吸って勢いよく生い茂っています。そこに久しぶりの太陽の光が注ぎ、青葉がキラキラとまぶしく輝く午前10時。今日は、この春、声優養成所を卒業したという男性が体験授業に来る予定です。

その日はめずらしく欠席者がなく、蒸し暑さのせいか教室内は普段よりも少し窮屈に感じられました。

突然、入口から「おはようございます」と明るく元気な声が部屋中に響きました。さっそうと入ってきたのは、「名探偵コナン」にそっくりの若者。キラリと光る黒縁のメガネからのぞく大きな瞳は、「まっすぐな人」という印象を与えます。

彼の名は沢口くん。のちにみんなから親しみを込めて「サワッチ」と呼ばれるようになります。

彼は、声優養成所を卒業したばかり。あいさつに始まり、あいさつに終わるといわれる表現の世界を目指しているだけあって、礼儀正しいうえに姿勢もよく、すがすがしい雰囲気でした。声優を目指し、親の反対を押し切って徳島から上京した以上、実家には絶対戻れないという覚悟で毎日3つのアルバイトをかけもちして生活費を稼ぎ、声優事務所のオーディションを受け続けていると言います。

「それならば、朗読教室でなくてもいいのではありませんか？」

と私が問うと、この教室を訪ねてきた一番の理由を話してくれました。育った土地の「アクセント」を直したかったというのです。

これまで、養成所の講師からアクセントを指摘されてもなかなか直せず、言われるたびに萎縮してしまっていたようです。それが原因なのかはわかりませんが、話しているときの目線や姿勢から、どことなく自信のなさが垣間見えていました。

先にも書きましたが、アクセントというのは、ひとつの言葉の中で決まった部分を高くしたり、強くしたりすることです。同じ言葉でも、アクセントのつけ方でまったく違う意味になる場合もあります。

たとえば、「アメ」は「雨」なのか「飴《あめ》」なのか。「ア」と「メ」のどちらに高さをつけるかで意味が変わります。地方によってアクセントは違いますが、アナウンサーは、東京式アクセントを基本にしてニュースや情報を伝えています。それ以外の声優や俳優、ナレーターなど、声を使う表現を仕事にする人にとっても正しいアクセントを使えることは必須、苦労することが多いのが実情です。

沢口くんは、それから月に2回レッスンに通うようになりました。声優養成所は人数が多いので、一人ひとりのアクセントのケアまで講師の目が行き届きません。それぞれ各自で練習していくのが前提ですが、朗読教室なら作品の読みを通し、たっぷり時間をかけて細かく直していけます。そこが小さい教室ならではのメリットともいえるでしょう。

音感がいい沢口くんは、修正点を指摘するとだんだんに直っていきました。声優養成所では、発音や発声の基礎も学んでいましたので、ほかの教室生ともすぐに肩を並べ、その秋の朗読ライブに出演してもらうことにしました。

沢口くんの選んだ作品は、星新一作の『おーいでてこーい』でした。奇妙なショートショートを、絶妙な抑揚、間の取り方で読み上げ、観客を一気に引き込みます。さすが声優を目指しているだけあって、作品の奇想天外な設定にリアリティーを感じさせる演技力。彼の朗読を聞いて、私はひそかに「いつか彼に朗読の指導者としてお手伝いしていただこう」と考えていました。

2年が経ったあるとき、教室生の同じ20代前後の男の子たちが集まって朗読ユニットを組む話が持ち上がりました。こうやって仲間同士で活動の幅を広げていくことは素晴らしいことです。たとえすぐに声優になれなくても、舞台に立つ機会があれば、それが支えとなって生活のためのかけもちアルバイトもモチベーションが違ってくるでしょう。そうして組んだ男性だけのユニットで朗読ライブを決行することになりました。タイトルは名づけて「俺たちの朗読」。

ライブは大成功でした。骨太な純文学から痛快な時代小説、コメディーまで、ひとりで朗読したり、あるいは多人数で群読したり。多彩なプログラムは観客を飽きさせません。沢口くんの読みには磨きがかかり、2年前とくらべると表情にも自信がみなぎっているように感じられました。

その後、沢口くんは、ユニット仲間のつながりから、声優事務所だけでなく舞台のオーディションも受けるようになったようでした。とうとう有名なタレントさんが名を連ねる舞台にも俳優として出演が決まり、教室生で応援に行くことになりました。

堂々と演じる沢口くんの姿はまぶしく、つらかった日々もようやく報われたかと思っていました。

ところが、ある日突然、彼は姿を消してしまいます。

「先生、サワッチと連絡がとれないんです」

ユニット仲間である教室生から連絡が入りました。メールも電話も通じないと聞き、私は心配になって思い切って連絡をしてみました。電話に出た沢口くんに、いったい何があったのかを聞いてみると、

「先生、僕すべてを辞めることにしました。役者も、声優になることも、教室も……。その世界を十分に味わえたし、満足です。まったく新しい方面に進んでいきたいので、これまでの友達の連絡先は全部消去したんです。でも、先生の連絡先だけは残していたんです。ごあいさつがしたかったんで。本当にありがとうございました」

淡々と話す彼は、吹っ切れたような感じでした。

彼を引き留めたとしても、私が何か保障できるわけでもありません。表現の世界以外にも素晴らしい場所はいっぱいあるでしょう。けれど約2年間、レッスンを通して彼の成長を目の当たりにしてきた私としては、やはり残念でしたし、仲間の連絡先さえ消去したことに一抹の不安も感じました。そこで、辞めるわけは深く聞かないで、かろうじてこう

言ったのです。

「沢口くん、わかったよ。でも、これだけは約束してくれる？　1年後の今日、お互いの成長を報告し合うってこと。必ず会おう」

まるで『金色夜叉』のようなセリフです。

「わかりました」

沢口くんはさわやかな声で、そう答えてくれたのでした。


この後すぐに私は、朗読を題材としたNHKのドラマ『この声をきみに』の朗読指導をさせていただくことが決まり、忙しさと慌ただしさであっという間に1年が過ぎようとしていました。

果たして沢口くんとはその後、再会できたのでしょうか？

できました。約束通り、昨年話したのと同じ日に渋谷で会うことになったのです。

開口一番、彼は、自分の殻を破るためにヒッチハイクにチャレンジしたと話してくれました。おばあちゃんの家がある富山までの往復の道のりです。

「怖くなかったの？」

そう聞くと、彼は笑顔でこう言いました。

「怖くないと言ったら嘘になりますが、人を信じてみようと思ったんです」

彼の言葉からはそれまでにない力強さが感じられました。

それから、彼が教室を辞めたこと、役者を辞めることになったわけを話してくれました。

「声を使って表現したり、舞台で拍手をもらえたりすることは本当に楽しかったんです。でも、声優事務所のオーディションには受からないし、舞台は楽しいけれど役者で食べていけるわけでもない。自分には、ずば抜けた才能はないなって思いはじめました。30歳も目前になってきて、ずっとこんな生活ではいられないという焦りもありました。何より舞台に立つようになって、ほかの役者さんたちの情熱に圧倒されてしまったんです。

僕は、いつもどこかに不安を抱えていたけれど、彼らはお芝居が心底好きで、ゴールや、そこに至る道が見えなくても絶対に諦めないんです。僕は彼らのように強くないと気づきました。それで、すべていったんまっさらにしてみようと思ったんです」

レッスンに来ていたときから彼は物静かで、気持ちを前に出すタイプではありませんでしたから、そんな葛藤を抱えていたとは気づきませんでした。上京してから毎日競争の世界でもまれ、必死にもがいて道を見いだそうとしていたのですね。でも、とことんまでがんばれたのは、やっぱり沢口くんの心が強いからではないかしら……。そう思いながら話を聞いていました。

「教室や役者仲間から離れ、この先のことを考えたとき、チャレンジするのは今だって感じたんです。ゴールの見えない不安を打ち破ってみようって」

それが沢口くんにとっては、おばあちゃんの家までのヒッチハイクだったのです。

東京から富山まで、普通に車で行けば5～6時間の道のりを、車を探しながら、乗り継ぎながら10時間かけてたどり着いたそうです。

「1時間くらい道路際に立っていても車がつかまらないときは、おばあちゃんの家が自分の中で消えそうになるんですよ。おばあちゃんの家は存在しているのにね。でも、『必ずゴールにたどり着いてみせる！』って固く決意すると、またおばあちゃんの家がしっかり見えてくる。そんなことの繰り返しでした。無事に着けるのか不安だったけど、自分の決意を信じてみたんです」

彼の礼儀正しさとハキハキした話し方は、ヒッチハイクで出会った初対面の人にも好感を持たれやすかったのではないでしょうか。車に乗せてもらった人との会話も弾んだようで、「『お兄さん、いい声してるね』って言われました」と少しはにかみながら話してくれました。

上京してからの焦りや葛藤、ヒッチハイクにチャレンジした経験を、すべてエネルギーにした彼は、現在、ＩＴ関係の会社の営業職という新しい道を見つけ、スタートを切ったそうです。

「朗読で鍛えた滑舌と、言葉のメリハリが採用につながったと思います」

明るい表情で、そう話す沢口くん。営業成績も抜群にいいようです。

不安や焦りが消えた今、なんて晴れやかな顔をしているのでしょう。彼の本当の笑顔を初めて見たような気がしました。

そんな彼を見ていたら、ピンときました。殻を破った今なら、さらに違う輝きが生まれるのではないかしら、と。

「久しぶりに朗読コンテストに出てみる？」

そう私が聞くと、

「ぜひ、チャレンジさせてください」

さわやかな彼の眼差しは、カーテン越しに澄み渡った青空を見上げていました。

このお話のプロミネンス

人生のなかで、何かに見切りをつけるときというのは想像以上に勇気がいり、何かを始めるとき以上のエネルギーが必要です。

声優のお仕事に将来の不安を抱えながら朗読教室に来た沢口くん。数年が経ち、彼が追い求めてきたお仕事に潔く見切りをつけ、同時に教室を辞めたいと言ってきたときには、言いようのない残念さと、夢を叶えてあげられなかった無力さが残りました。

「この教室で得られたものはあった？」

私が聞くと、彼はこう答えてくれました。

「朗読を好きになれました。それから……、生きる勇気をもらえました」

「どんな経験も無駄なことなどひとつもない」「挑戦することを怖がらないで」。

この2つは、私がずっと沢口くんに言い続けていた言葉です。でも、実際にそれを体現した彼から、「あれこれ考える前にまず行動すること」の大切さを教えてもらいました。しかも、ヒッチハイクへの挑戦まで。

これからも彼の挑戦は続くのでしょう。本当は、彼は冒険家なのかもしれない、と思うのでした。

本文中に登場した作品

・**小泉八雲作『雪女』**

ギリシャ生まれのラフカディオ・ハーンは日本に帰化して小泉八雲と名乗り、日本の怪談話を再話したことで知られます。あまりにも有名なこの作品は、朗読者によってまったく異なる雰囲気が出るため、聞き手は結末がわかっているのに何回聞いても飽きないという不思議さがあります。じわじわ迫りくるキーンとした冷たさを肌で感じさせながら、恐怖だけではなくひとりの女の悲しさをも読みたい作品です。

彼の作品では、『雪女』以外に、『耳なし芳一』や『むじな』も朗読されることが多くあります。

・**樋口一葉作『たけくらべ』**

100年以上も前に書かれた樋口一葉の代表作。肺結核により24歳という若さでこの世を去る前年に発表されました。その文体から難解な作品と敬遠されることが多いようですが、お話自体は思春期の少年少女の人間としての成長の過程と切なさを見事に描いた短編作品です。

本文中に読点がほとんどないため、朗読する際には事前に現代語訳本とよく照らし合わせることから始めてください。聞き手に伝わるようにご自身で読点をつけ、息継ぎに注意しながら読むことをお勧めします。

・**芥川龍之介作『蜘蛛の糸』**

芥川龍之介の作品のなかでも、とくに有名な作品。朗読会では定番の読み物で、朗読劇に仕立てて演じられることもあります。

冒頭の、お釈迦様が静かに極楽の蓮池の辺りを静かに歩く光景は、ともすると調子よくさらっと読んでしまいがちですが、情景に映る色彩を出せるようにゆっくりと聞き手に寄り添って読み深めていきましょう。カンダタの自分ひとりが助かりたい心、ここは人間臭さを思いっきり出し、最後に糸が切れて真っ逆様にまた元通りに戻る様は、緩急をつけて表現していくと、聞き手を引き込む朗読ができていくと思います。

・谷川俊太郎作『生きる』

「生きる」こと、その意味について書かれた谷川俊太郎さんのこの詩を一文ずつじっくり噛みしめながら読んでいくとき、生きているからこそ、日常生活で当たり前と思われるようなさりげない光景がまぶしく感じられるという事実に胸を打たれます。

私はこの作品を立体的に表現したいと思い、発表会では10人以上のメンバーによる「群読」で上演してきました。「みんなで声を合わせて読むなんて」と渋っていた方も、参加された後の感想では、「感動した」「朗読が好きになった」とおっしゃいます。

読み手のそれぞれが持つ声の個性を束ねることで、誰も想像できなかった「思いもよらない色」が空間に紡ぎ出されていくのです。

・星新一作『おーいでてこーい』

タイトルだけを聞くとかわいらしいイメージがありますが、ショートショートで有名な星新一氏のこのお話は、「穴に捨てたはずの都会の大量のゴミたちは、果たしてどこにいくのか？」という、まさに現代が直面する問題をテーマにしたメッセージ性ある作品です。このような作品は、曖昧にせずしっかりと読み込んでいくことから始めましょう。込められたメッセージを受け止めて咀嚼し、ストーリーを自分のものにできるまで何回も朗読することが大事だと思います。

本番では、最後まで「話を届けること」に集中して朗読してみてください。

朗読にまつわる用語　その二

・フレーズ

文節のまとまりのこと。区切る位置で文章の意味が変わってしまうこともあります。長い文章を読むときに、息が続かず適当な所で文章を区切って読んでしまうと、聞き手は文章の意味を理解しにくくなります。その言葉がどの言葉にかかるのかを考えて、文節のまとまり通り読むことを意識しましょう。

・緩急

文、単語の読み上げの速度を変化させること。「急いでください」というセリフを、読み手がその状況を感じながら発すると口調は早くなり、緊迫した状況がより相手に伝わります。

反対に、「大草原の空を、大ワシがゆったりと翼を広げ……」という文章の場合は、ゆっくりおおらかな気持ちで表現すれば、大ワシが聞き手の中にはっきり浮かび上がります。読む速度に緩急をつけることで、聞き手の想像力の手助けになります。

・鼻濁音

鼻に抜けた感じの「が」行の発音のこと。美しくて心地いい響きになります。「会社帰り」「十五夜」など、単語の途中の「が」行の音に使います。

ただし、「がんばる」のように単語の頭に濁点《だくてん》がつく場合や、外来語や外国語、数詞、オノマトペ（ガラガラ、ぐるぐる、ギラギラ）は鼻濁音では発声（発音）しません。

・滑舌

話すとき、相手に理解してもらうために舌、あご、口を動かしてはっきり発音すること。唇や舌を動かさずに話をすることはできません。「滑舌がいい」というのは、唇も舌も滑らかに動いている状態をいいます。

滑舌は、意識的に舌を鍛えることと、唇と口角に力を入れる訓練で改善できます。

第二章

伝える

行きずりの余韻

その方の振る舞いや言葉ひとつで、いい印象が残り香のようにずっと心に刻まれることがあります。たとえば、あいさつのときの笑顔やお辞儀の仕方。そんななにげない振る舞いが声の印象をも変えることがあるという私の実体験をお話しします。

それは少し前のこと。ＣＭのナレーションの収録があり、赤坂見附に行ったときのことです。

その日はかなり早めに駅に着いたので、カフェでのんびりと時間を過ごすことにしました。何年経っても収録の前は緊張するもので、カフェに寄ることはそんなドキドキを抑えるための大切な時間です。

そろそろ時間だと思い、店を出てスタジオの地図を広げながら薄ぼんやりと暗くなった一ツ木通りを歩いていたのですが、なぜか方向がわからなくなってしまいました。

地図を上に向けたり下に向けたりするのですが、どうにも目印の店が見つかりません。

刻々と約束の時間は迫ってきています。のんびりコーヒーなど飲んでいた自分が悔やまれます。

赤坂見附駅周辺は、だんだん夕方のにぎやかさを増してきていました。事務所のマネージャーとは連絡が取れず、私の焦りは頂点に達しそうでした。

遅刻してしまったらどうしよう。ディレクターさん、スポンサーさんに迷惑がかかってしまう……。マネージャーの困った顔も浮かび、汗が噴き出してきました。慌てているため、余計に頭が混乱しています。近くのお店に入って聞いてみようかと思ったのですが、どこのお店もなんだか忙しそう。かといって、帰り道を足早に通り過ぎていく男性たちには声をかけづらい思いがありました。

ふとそのとき、前方からヒールを履いたスーツ姿の背の高い女性が足早に歩いてきました。急いでいる感じです。しかしそんなことを考えている場合ではありません。余裕のなかった私は、地図を前に差し出しながら、

「すみません、お聞きしてもよろしいでしょうか?」

と泣きそうな声で叫んでしまいました。すると、

「どうなさいました?」

その女性は、ニコッと親しみのこもった笑顔で立ち止まってくださったのです。

「その地図をお借りしてもよろしいですか？」

丁寧にそうおっしゃって、両手をさっと出されました。その差し出された両手に地図を託すと、

「あっ、ここですねー。この道をまっすぐ行きまして……」

と、美しく指先をそろえて、向かう方向を指し示しながら説明してくださいました。

彼女の声は安心感のある低音で、響きも柔らかく、話し方はゆっくりです。一瞬で私の焦りは止まりました。彼女のそろえた指先に導かれるように先を見ると、今私が通り過ぎてきた道の途中にある角を示していました。そこを曲がってしばらく行くと目的のスタジオです。目印になるお店が変わっていたことで、わかりづらくなっていたのでした。

彼女は、手短に説明しながら、ときおり穏やかな表情を私のほうに向けて、「わかりますか？」と確かめてくれます。その優雅な身のこなしと穏やかな表情に、思わず見とれてしまいました。

別れ際、

「大丈夫ですか？　お気をつけて行ってらっしゃいませ」

と優しい目でおっしゃり、足早に去って行かれた女性。そのときのさわやかな風が体を抜けるような感覚は忘れられません。

知らない人にいきなり道を聞かれたとき気持ちよく対応できるかどうかは、簡単そうに思えますが、そうでもありません。この女性が、ご自分の話し方を意識されていたかどうかはわかりませんが、道を教えるだけでなく相手を思いやる仕草の一つひとつは普段から意識して行動をしていないと、すぐにはできないものでしょう。

よく、「声が低い」と悩む方が教室にもいらっしゃいます。このとき道を教えてくれた女性の声もかなり低音でした。もし一瞬でも彼女が疎ましそうな返事をしていたとしたら、その低い声に私は冷たさやいら立ちを感じて萎縮してしまったことでしょう。けれど、彼女の丁寧な身のこなしや仕草、落ち着きが私を和ませ、受け取る声の印象を変えてくれました。

つまり、人のたたずまいは、自分が思う「声の良し悪し」を超えたいい印象を作ってくれるのです。

人は忙しいときなどに、ついそっけない態度をとってしまいがちですが、誰かの記憶にずっと残り続けるかもしれないと考えれば、どんなときもおざなりな対応をしてはならないと思いました。このときに感じの悪い対応を体験していたとしたならば、そのイメージもまたずっと残り続けていたでしょう。

以来、私も何かを尋ねられたときは丁寧さを意識して、動作を交えながらお答えするようにしています。

彼女のおかげで、スタジオには無事10分前に到着しました。汗をかきながら入ったのは言うまでもありません。ただ、気持ちよさが広がっていたせいか、ナレーションの収録は短時間で終了できました。

私のこの体験は、生徒のみなさんへよくお話しするエピソードのひとつになっています。人は、困っているときに優しさや思いやりの心に触れることで勇気をもらうことがあります。どんなときでも、温かい眼差しや言葉は声の響きとなってあらわれてくるものであるとつくづく感じます。

あの女性にとっては、普段のなにげない行動だったかもしれませんが、みんながそんなひと言や仕草を心がけていけたなら、誰かの心を癒やせる瞬間を生み出していけるのではないでしょうか。

このお話のプロミネンス

気分が落ち込んでいたり、元気がなかったりするとき、ふとした出会いやひと言で途端に気持ちが明るく変わることがあります。そんな存在になりたいと常々思う私ですが、やはり笑顔も大事だと感じます。

このお話のなかで私に丁寧に道を説明してくれた女性は、終始私の目を見ながら口角を上げて話してくれたのが印象的でした。通りすがりに行き合っただけの私に真剣に向き合ってくれていると感じ、そこに心を打たれ、何年経っても忘れられない思い出になりました。

そのときの女性の声のトーンの低さは、私の焦る心を落ち着かせてくれました。声の低さをコンプレックスに思って教室に入会される方がいますが、そういう方は声の生かし方を知らないだけなのかもしれません。

朗読ワークショップに参加される方のなかにも、「私は声が低いから朗読には合わない」と最初から決めつけて来られる方もいらっしゃいます。声はその方にしか出せない〝楽器〟なのですから、いろいろな音色があっていいのです。つまり、朗読に合う声、合わない声などないのです。

表情や仕草次第で声は魅力あるものになります。つまり声は、笑顔、口角、身振り、手振り、心、すべてが連動し、その人のイメージを作り上げるものなのです。

届け！「ALOHA」の心

40代の専業主婦の英里佳さんが教室に来られたのは、秋も深まったころのことです。表情を変えずしっかりとごあいさつされる姿は、長く会社員として勤務されていたからでしょうか、気安く声をかけられないような厳しい雰囲気がありました。

「私は、長い間、海外企業へ物資を発注する窓口で仕事をしていました。あらゆる国の方との英語でのやりとりはやりがいがありましたが、1日のメールの数が300という日もあり、毎日ヘトヘトでした。海外の方との電話は話し方や伝え方を意識して話すのではなく、とにかく時間とプレッシャーに追い立てられての会話だったんです。

自分の顔に表情がないことに気づいたのは会社に入って4年が過ぎたころでした。

もともとおっとりとした性格の私が、次第に余裕がなくなり、とうとう能面のような表情で仕事をこなすようになっていたんです。本来の私に戻りたい一心で、自分を表現できる何かを探していたときにフラダンスに出会いました。そして昨年思い切って17年間勤めた会社を辞めました」

英里佳さんのお話しする表情からは、うれしいのか悲しいのかは伝わってきません。「最近は、近くに住んでいる姪たちに読み聞かせをしています。絵本を声に出して読むと、『言葉を丁寧に使いたい』と思うようになって、朗読をすることに決めました」

周りのみんなから、「わあ、いいことですね」という声をかけられても、英里佳さんは表情を崩すことはありませんでした。

忙しさに追われ、「言葉を大切に、丁寧に」など何年も意識することがなかったとのこと。でも絵本がきっかけで美しい日本語を話したいと思えたなんて素敵なことです。

初めてのレッスンは、口角をぐっと引いたり、つぼめたりを繰り返しながら五十音を言う発音練習から始めます。声の表現は、表情を豊かにすることも大事なポイントです。大きな声で笑う稽古など、にぎやかに時間は過ぎていきました。

ほかの教室生のがんばる姿が珍しく映ったのか、英里佳さんはキョロキョロしてばかりで、なかなか練習に入れずにいました。文章を読む練習になっても英里佳さんの声には抑揚がなく、話の内容が伝わってきません。

レッスンが終わって、私は思い描いていた朗読教室のイメージと違うと思われたかもしれないと感じ、彼女に声をかけてみました。すると、

「こんなにみなさんがイキイキと朗読を楽しんでいるなんて想像していませんでした。私は朗読教室っていうのは、ただ本を順番に読んでいくだけかと思っていたんです。みんなの朗読を聞いて、どうも私の読みって面白みがないと感じてしまいました」

と、学校の先生のように冷静な雰囲気で、表情を崩さずに淡々と話されるのです。

以前、とある朗読コンクールで優勝した私に、憧れの元NHKアナウンサーの加賀美幸子さんから「朗読で人の心を動かすのよ」という言葉をかけていただきました。その言葉は、私の心の奥深くに突き刺さりました。ここにこそ、朗読の本当の意味があると感じたのです。では「朗読で心を動かす」にはどうしたらよいのでしょうか。

これは私個人の考えですが、美しい声で上手に読むことよりも、作品に込めた作者の思いをなんとかキャッチしたいという姿勢で向き合い、それを声と表情、つまり心と体を使って表現することではないかと思っています。

私はこのことをなんとかみなさんにもわかっていただきたいと思い、常日ごろからレッスンのなかでお伝えしてきました。

そんなある日のこと、英里佳さんからこんなふうに質問されました。

「発声練習が大切なのはわかりますが、表情を豊かにすることがなぜそんなに重要なんでしょうか？」

「声と表情は共鳴させるためにとても大切なつながりがあるのです。唇や舌、口角、眉を上げたり、目を大きく見開いたり、ほおを引き上げるだけでも声に表情が出てくるものなんですよ。

英里佳さんは毎日、姪御さんに読み聞かせをされていらっしゃるわけですから、表情豊かに読めばもっと楽しさが生まれると思います。そうすれば、いつか『小さいころに、おばちゃまにしてもらった読み聞かせが忘れられない』と言ってもらえるんじゃないでしょうか。心に届く読み聞かせを目指しましょう」

そうお伝えすると、英里佳さんは明るく輝いた表情で、こう言いました。

「教室のみなさんがイキイキと見える理由がやっとわかりました。私もそうなりたいです」

宮沢賢治の『セロ弾きのゴーシュ』を題材にレッスンが始まったときのことです。

英里佳さんは小さいころ、この作品をお母さんに読んでもらったことがあると言って目を輝かせていました。彼女のワクワク感がこちらにまで伝わってくるようでした。

『セロ弾きのゴーシュ』のゴーシュは、町の活動写真館の楽団でセロを弾く係。演奏に感情がまったく出せず、楽長から怒られてばかりいます。そんなゴーシュが家で練習をしていると、次々にあらわれる動物たちから「奏でる心」というものを教えられます。そして、ゴーシュの楽団の音楽会は大成功。アンコールではゴーシュが独奏して喝采を受けるというストーリーです。

英里佳さんはまだきれいに読むことだけにとらわれているように感じられます。

「声を美しく出そうと考えず、ありのままに言葉の内容を想像しながら読んでください。登場する動物たちがゴーシュに何を伝えたいのか自分で感じていないと、言葉に魂が入りません。自分の感情をもっと揺り動かして」

英里佳さんには、このお話に出てくる動物たちがゴーシュにしたように、一つひとつ順番に、丁寧に表現の仕方をお伝えしていきました。

最初は戸惑い気味だった英里佳さんも、登場人物のそれぞれの役を決めて朗読劇をやったところ、ゴーシュの心や登場する動物の心が次第にわかってきたようでした。

気がつくと周りの仲間の迫力に押され、次第に声も大きく出せるようになり、堂々と演じられるように変わっていきました。この朗読劇のおかげで英里佳さんは教室生ともすっかり打ち解け、みんなとの関わりのなかで「表現」が学べたようです。

以前、教室生へ向けていくつかの質問のアンケートを取ったことがあります。「なぜ朗読を始めたいと思ったか？」という質問には、「小さいときに読み聞かせをたくさんしてもらった」「本が好きだから」と答える方が多かったのには驚きました。「絵本を読みたい」と答えた方に理由を書いていただくと、「親が繰り返し読んで聞かせてくれた思い出の本だから」「文章がきれいだから」とおっしゃる方もいました。なかには、「幼いころ読み聞かせをしてもらった絵本を、20年経った今、自分で声を出して読んでいる」という方もいました。幼いころになにげなく読んでもらった1冊が、将来かけがえのない宝の本になりうることを、アンケートが教えてくれました。

英里佳さんがレッスンに来られるようになって2年が過ぎたころ、うれしいニュースが入ってきました。教室生のひとりがパーソナリティーを務めるユーストリーム番組の朗読コーナーに、英里佳さんがゲスト出演することになったのです。

読む作品は芥川龍之介の『蜘蛛の糸』。英里佳さんは猛稽古を始めました。でも、「間違えず、つかえずに読む」ことに専心して読み自体に深みが感じられません。

私は、「お釈迦様が蓮池のふちを歩く」という一文を、お釈迦さまがじっと目をつむりながら歩いている情景を思い浮かべながら語ってみたら？　とアドバイスしました。

ところが、

「そんなのイメージできないですよぉ。極楽の蓮池なんて行ったことないし。うふふ」

とあっさりとかわされてしまいました。

そうこうするうちに、いよいよ収録の日を迎えました。英里佳さんはといえば、「わあ、緊張する」と言いながらも背筋はシャンとして、自信ありげな雰囲気です。

「英里佳さん、自分なりにイメージした情景の中で、まるでそこにいるような気持ちになって楽しんで読んでください。聞き手のみなさんにも必ずそれが伝わると思います。そうすると、聞いた方が『朗読っていいなあ、始めてみたいなあ』と思うかもしれませんよ。どこまでもイメージを大事にね」

そうお伝えしました。マイクの前に座った途端、彼女の表情はどことなく優しい笑顔に変わっていました。

本番が終わると、すぐ英里佳さんは私に駆け寄ってきて、こう言いました。

「たくさん練習したのに、何度か間違ってしまいました」

しょんぼりとした様子でしたが、ときおりカメラを意識しながら朗読する表情からは、教室に入られたころの近寄りがたい雰囲気は微塵も感じられなくなっていました。

収録後のレッスン日、英里佳さんが飛び込むような勢いで教室に入ってきました。

「先生、朗読効果がついに出ました！」

番組が褒められたとか、姪御さんへの読み聞かせで何かいいことでもあったのかと思ったのですが、彼女は長年習っているフラダンスの練習の話をしはじめたのです。

「先生はいつも、朗読しているときの表情がない私に、『本を読むときには、事前にストーリーをイメージ画像として思い浮かべて』とおっしゃいますよね。私は、どうしてもそれが理解できずにいたんです。

だけど昨日、フラダンスのレッスンで踊る曲の前奏中に、曲の内容をしっかり心に思い浮かべながら、『相手に伝えたい』という心を込めて踊りはじめてみました。そうしたら、後で先生から、

『今日の踊り出しのところ、すごくよかった。伝わってきたわ。何かあったの？』って、普段めったに生徒を褒めない先生が私を褒めてくれたんです！　周りのメンバーもびっくりしていました。

じつはフラダンスでも『表情がない』『伝わらない』『心が感じられない』と言われ続け

てきたんですが、ようやくつかめた気がします」

上気した表情で、そう話してくれました。

フラダンスは、踊りを通してハワイの歴史や文化、自然、愛を伝えます。踊り手全員が、手の動きや指、表情までもそろえるこの踊りは、踊り手全員の心がひとつとなったときに初めて成り立つのです。

英里佳さんは、これまで完璧に振りを覚え、踊りこなしてはいたものの、「自分の踊りには何か足りない」ということに気づいていました。でも、その解決の糸口を見つけられずにいたのです。

まさか朗読教室で習ったことがフラダンスで発揮されるとは思わなかったと興奮気味におっしゃいます。

「言葉」を自分に落とし込み、「声」で表現する朗読とフラダンスとの共通点を見いだせたことで、朗読をしているときはフラダンスが、フラダンスを踊るときは朗読が力を貸してくれようになったのだそうです。英里佳さんの表情は輝いていました。

それから間もなく、英里佳さんはフラダンスの大きなコンペティションで踊ることになりました。しかもセンターポジションの隣です。何十人のなかから選ばれたことは自信にもつながったようで、心からうれしそうでした。

そのコンペが終わった後、英里佳さんがこう聞いてこられました。

「先生、『ALOHA《アロハ》』の意味ってご存知ですか？

ハワイ語で、『ALOHA』のAは、『思いやり』、Lは『協調性』、Oは『喜び』、Hは『謙虚な心』、もうひとつのAは『忍耐』を表す単語の頭文字なんです。

この朗読教室は、『アロハ』そのものだと思いました。

教室生同士、思いやりを持って励まし合っているでしょう。みんなそれぞれ違う個性を持っているけれど、互いの成長や成功を喜び、お互い理解し合っていますよね。

それに、『朗読には謙虚さが大事だ』って先生がいつもおっしゃるのがフラダンスの精神とまったく同じだと思いました。これまでなんのために朗読をやっているのかな？と思うことも正直あったのですが、フラダンスは踊りで心を表現する。朗読は言葉で心を表現する。いずれも私にとって大切なものだと気づきました」

それを聞いた私は、とてもうれしくなりました。

英里佳さん、フラダンスを楽しみたいと思うみなさんの心に明るい灯をともせるよう、これからもがんばってください。

そして、姪御さんたちのために、心を込めた読み聞かせを続けてくださいね。素晴らしい「ALOHA」の心を忘れずに。

このお話のプロミネンス

宮沢賢治作『セロ弾きのゴーシュ』のなかの、ゴーシュが楽長に怒鳴られるシーンに、こんなセリフがあります。

「おいゴーシュ君。君には困るんだがなあ。表情ということがまるでできていない。怒るも喜ぶも感情というものがさっぱり出ないんだ……」

英里佳さんは、フラの練習時に講師からゴーシュと同じような指摘を受けてきました。朗読もフラも音楽も、その作品の情景を自分なりにイメージし、作者が魂を込め生み出したメッセージをしっかりと受け止めて表現することが大切だと思います。

多少ぎこちなくても一生懸命に向き合い、伝えようとする精神が、観る者、聞く者の心を大きく動かす。私はそう信じています。

「見えない相手」に思いを馳せて

今から10年ほど前にイベントの仕事でお世話になった方から久しぶりに連絡がありました。現在は、さる会社の役員をなさっているとのことで、自社のコールセンターで働く女性のみなさんに向けて、発声、発音を含めた話し方の講師として来てもらえないかとのご相談でした。会社の商品・イメージを保つためには何より顧客窓口対応が重要であると語られるこの方の熱意に共感した私は、その仕事をお受けすることにしました。

その会社は銀座の中心にあり、ビルの外観からして気高さあふれる雰囲気です。オフィス内に入ってみると、神秘的なモニュメントが置かれていて、どこからかほんのりとかぐわしい香りが漂ってきます。ビルの上階に上がると、大勢の女性たちがパソコンの画面に向かい、口元につけられたマイクでしきりに話しています。ここは、高級ブランドのメンテナンスを受けつけるコールセンター。コールセンターの現場に赴いたことが一度もなかった私は、テレビや写真で見るそのままの光景に釘づけになりました。

この会社では、電話の向こう側にいらっしゃる大事なお客様のため、常日ごろから適切な話し方の訓練に努めているとのこと。支店長自ら、フロアや控え室など、すべてのセクションを案内してくださいました。

ある小さな会議室に通されると、正面奥には姿見があり、ソファーや小さな椅子も並べられています。

「ここは、スタッフが休む休憩所ではありません。いつでも自由に声のメンテナンス、つまり発声練習ができる場所です」

その部屋には防音装置が施されており、従業員専用の練習場所として確保されているのです。放送業界でもここまで徹底したところはあるかしらと思うほどの充実ぶりでした。

伺うところによると、声の使い方や話し方は、そのまま商品のイメージにもつながり、窓口のサービスの向上に欠かせないものだというのが会社の考え方であるとのこと。そのような方針の元でさまざまな設備を完備し、同時にレッスンにも力を入れているとのことでした。格調高いブランドが長きにわたって人気があるのは、こうした土台があるからこそと感じました。

「私たちには、商品を大切にしていただきたいという思いがあります。それには、やはり電話応対する者の対応力が必要です。電話の向こうにいる見えない相手を、いかに品格を持って尊重できるかにかかっているからです」

そういうスキルの習得のため、これまでは元アナウンサーや女優さん、ベテラン声優さんなどが講師を務めてきたそうですが、近年、朗読には話し方の基礎がすべて凝縮されているということが知られつつあり、今回は私が赴くことになったようでした。

さっそく、レッスン会場の会議室へと向かいました。

接客を主としているお仕事では、「声」や「話し方」はもっとも大事な役割を果たします。ほんのちょっとした対応ひとつで、商品の価値や、サービスそのものを評価されてしまうことがあるからです。

「感じが悪かったから、あの店には二度と行かない」「おいしいけど、お店の人の接客がねー」「あそこには、言葉の使い方がわからない店員がいるのよ」……、などといったウワサが、あっという間に広がってしまうこともあります。

しかし、コールセンターでは表情が見えないだけに、実際の店舗での接客よりさらに細心の注意を払わなくてはなりません。こちらの会社では、日ごろから社員同士がお互いに指摘し合い、切磋琢磨しながらよりよいサービスを心がけていると伺い、本当に感動しました。この会社が扱うブランドの顧客満足度が常に高く、売り上げが上がり続けているのも当然です。

レッスンでは、話し方と発音、滑舌の講義をさせていただきました。みなさんの表情は真剣そのもの。姿勢、口の開け方、滑舌、表情を含め、これまで熟練の先生方が定期的に指導してきただけあり、ほぼ完璧でした。

後半は少しだけ朗読を取り入れることにし、一人ひとりに文章を読んでいただきました。しかし、電話での対応ならば感情を込めて話せる彼女たちも、文を読み上げるとなると、どうしても棒読みになりがちです。

そこで、

「いつもみなさまが、電話の向こうにいるお客様に向けてお話しされているように、心を込めて文章を語ってください。

『こんにちは、お元気ですか?』と、相手を気遣うつもりで話すのです。相手をどこまでも優しく包み込んでいこうとする思いが、そのまま声にあらわれます。少しオーバーなくらい表情には気を配り、丁寧に語ってください」

と、お話ししました。

すると、初めは照れたり、恥ずかしがったりしていた方たちの表情も一転。何度か練習するうち、ほぼ全員が「伝わる読み」へと変化し、グループワークではあちこちで拍手が湧いていました。

私の師匠、俳優でナレーターの伊藤惣一先生は、常に、

「朗読とは、文章を読むのではなく、語ること。文をしゃべることだ」

と、教えてくださいます。

「気持ちを少し変えるだけで、それはダイレクトに声にあらわれ、相手に伝わります。思いやりのメッセージは声から伝わります。電話の向こうにいる見えない相手を尊重することが何より大事です。

声と言葉と表情をひとつにして、心を込めて取り組んでみてください。ブランドのイメージアップはもちろん、みなさんのイメージアップにもつながります。これからどんどんいいものを引き寄せられるかもしれません。もしかすると理想のお相手も見つかるかも……？」

会場が微笑みでいっぱいになりました。

この研修に携わらせていただいた経験から、朗読とコールセンターにはいくつか共通点があるのに気づきました。

1．相手に「伝わる」ように話す

電話も朗読も聞き手（相手）がいます。相手の存在を忘れてしまったら会話にはなりません。どこまでも、声を聞き手に向けて話すことが大事です。

次に、滑舌も重要なポイントです。電話では口の動きが見えない分、より明瞭でわかりやすい発音が求められます。

また、相手の言いたいことを受け止めようとせずに、マニュアルを読み上げているだけでは相手をイラっとさせてしまいかねません。

これを朗読に置き換えてみると、早口の滑舌がままならない不明瞭な声で、一方的にまくしたてるように本を読み上げている状態です。聞いている人たちが理解できているかさえ無視した自己満足の朗読は、観客を飽きさせ、客席はいびきの大合唱になってしまうかもしれません。

2．聞き手と「コミュニケーション」を図る

前述の通り、顔が見えない相手に対してどんな顔で話しているか、つまり、相手に対するホスピタリティの心があるかどうかということです。この点に関して聞き手は敏感です。声のスピードとトーンを相手に合わせていけば、それだけで言葉のキャッチボールはうまく進められるもの。相手が高齢者でゆっくりお話しする方であるのに、話し手が早口でまくしたてるようであれば、相手は不快な気持ちになってしまいます。

逆に、相手が急いでいるにもかかわらずゆっくり説明していたら、相手はイライラして電話を切ってしまうかもしれません。

これを朗読の「読み聞かせ」に置き換えてみると、聞き手の年齢に合わせた速度で読むことにつながります。聞き手が赤ちゃんや未就園児なら目を合わせ、心を通わせながらゆっくりと読み進めていく。対象が中学生であれば、想像の翼が広げられるように、感情を抑えて淡々と読むこともあります。

相手に合わせる対応力が、コミュニケーションをうまく図るポイントになります。

3．相手を「思いやる」気持ちを持つ

優しくされていやな気持ちになる人はいません。丁寧さは相手へのリスペクト。

ときどき、電話で話をしながらお辞儀している方や、目の前にまるで相手がいるかのように表情豊かに話している方がいます。反対に、「忙しいのになんでこんなことを」「面倒くさいな」と、声に出さずともそう思っている会話には、感情がそのまま声にあらわれます。

相手を思う真心を伝える「声」、そして「言葉」。そこに「表情」を加えていけば、ときにトラブルが生じることがあっても、誠意は必ず通じます。

朗読の場合は、聞き手はもちろんですが、その本の作家の「思い」を大事にします。何回も黙読して、作家はいったい何を伝えたいのか理解できるまでとことん作品と向き合います。そうして作品とまるで会話をしているかのような感覚が生まれたとき、初めて朗読の世界を楽しむことができるのです。

作品へのリスペクトを大切にしながら、読み手と聞き手、そして作品のトライアングルが生む感動を誰かの心に刻んでいけたら、こんなに素晴らしいものはありません。

さて、「声」が与える印象の大切さに気づいていただけたでしょうか。

人の声や言葉、表情は、磨くことで商品価値を高められます。そしてこれは、売り上げにも直結します。しかも、感じのいい声、言葉、表情は、社員同士のコミュニケーションにも不可欠です。

あなたの声で、見えない先の誰かの心を温かく、優しく包み込んでいけますように。

このお話のプロミネンス

従業員専用の発声練習用の部屋が用意されているというような、「個」を尊重する環境は、従業員の「声」や「言葉」となって顧客へのホスピタリティあふれる対応につながり、その心配りは商品価値として顧客へ伝わります。私自身もこの会社のみなさんと接したことがきっかけで、思わずそこの商品を購入したいという気持ちになったほどでした。

ビジネス用語に「ES（従業員満足）」「CS（顧客満足）」がありますが、社員が満足感を持って働けば、プラスアルファのサービス心が生まれ、それがお客様の満足度につながるものであることを実感しました。

本文中に登場した作品

・宮沢賢治作『セロ弾きのゴーシュ』

「ゴーシュは町の活動写真館でセロを弾く係でした」と始まるこの物語は、賢治が亡くなった翌年1934年に発表された作品です。

ゴーシュの演奏はあまりにも下手だったために楽長に怒られてばかり。彼の元に毎夜訪れる動物たちによって、彼の音楽は磨かれていきます。地の文を読む人、カッコウ、ネズミ、それぞれ役を決めて朗読劇に仕立てて演じると、それぞれの場面を具体的に思い描くことができるので、聞き手であっても読み手であっても、共に幅広い年齢層の方に楽しんでいただけることでしょう。

賢治作品は意味がわかりづらく、朗読するのはむずかしいと思われる方が少なくありません。しかし、それはもったいないこと。読むたびに新しい発見があり、飽きることはありません。ぜひトライしてみてください。

その他のお勧め作品

・スーザン・バーレイ作『わすれられないおくりもの』

いつも仲間から頼りにされていたアナグマが、仲間たちにかけがえない優しさと知恵を伝え、年老いて死んでいく。別れはつらいけれど動物たちの心の中に残されたアナグマがくれた深い愛はいつまでも消えることはない……。心温まるお話です。この作品は、感情を入れすぎずに淡々と読むことをお勧めします。

ある朗読会で、40代の男性にこの作品を読んでいただきました。読み込むうちに、朴訥《ぼくとつ》としたなかに優しい響きを持つ彼の人間性が伝わってきて、聴衆から感動の声が寄せられました。朗読作品と読み手の相性の大切さを、このときほど感じたことはありません。

・アーノルド・ローベル作『おてがみ』（『ふたりはともだち』所収）

この作品は『ふたりはともだち』に収められている5編の中の1つ。最後の『おてがみ』は小学校の教科書にも掲載されており、懐かしく感じられる方も多いのではないでしょうか。

ちょっぴり甘えん坊のがまくんと、かえるくんの友達を思うあふれんばかりの知恵は、楽しさを感じさせられると同時に、相手への本当の優しさも伝わってきます。こんな友情がそばにあったらどんなに幸せでしょう。

さて、文中に「……が言いました」という言い回しが何回も繰り返されます。朗読を聞いていると、内容よりもこの部分が耳に残ってしまうことがあるようです。読むときには、ゆっくり、早く、小さく、大きくなど工夫を凝らしてメリハリをつけるようにしてください。

本当の友情は何か、忘れかけていた何かを思い出させてくれる一冊です。

・佐野洋子作『100万回生きたねこ』

テレビやマスコミで取り上げられて近年再び脚光を浴びたこの絵本は、1977年に出版されたベストセラー作品です。

百万回生まれ変わりを繰り返すねこ。それまで自分も周りも何ひとつ好きになれなかったねこが、ある日出会った一匹のねこから「愛すること」の本当の意味を知る……。言葉で言い尽くせない何かが、初めてねこの心に伝わっていきます。

大人の心にじんわり響くこのお話を声に出して読んでいくと、胸にこみ上げてくるものがあります。聞き手と一緒にストーリーをたどる思いで丁寧に読み進めていくと、相手の心にちゃんと届くことでしょう。

朗読教室の選び方

自分に合う教室を探すには、その教室で学ぶことによって自分はどうなりたいのか、叶えたい思いが実現できる教室かどうかを見極めることが重要です。

ここで、教室選びのポイントをいくつかあげてみます。

・先生はどんな人か？　指導法は？

先生はどんなタイプの人か、指導法が自分に合っているかを確認します。先生によっては、極力表現を抑えて読むよう指導するタイプや、表現朗読を楽しむタイプなどさまざま。体験レッスンを受けてみることをお勧めします。

体験後に、またその先生に会いたい、教えてもらいたいと思えたら、そこが自分に合った場所かもしれません。

・教室の生徒の雰囲気（年齢層）や目的は？

グループレッスンは、自分にとって居心地がいいと感じ、明るくポジティブな環境のところが最適です。年齢層が高いのんびりとした雰囲気、30代から60代のミドルエイジが中心の教室、なかにはアナウンサーを目指す人たちの闘志あふれるクラスなどいろいろですから、自分の目的に合った教室を探しましょう。

・発表会などの機会はある？

発表会は日ごろの練習の成果を知ったり、ほかの人の朗読に触れてモチベーションを一層高めたりすることのできる貴重な機会。聞き手の感想も聞けて、伝える喜びや聞く学びなど、さまざまな発見が見いだせます。発表する作品の選定にあたっては、「人生で一番本を読みました」という方がいらっしゃるほど多くの作品を知る機会にもなります。

発表会のない教室もありますので、入会前にぜひ確認してみてください。

以上の点を参考に、積極的に体験レッスンを受講して、自分に合う教室を見つけてください。

第四章

絆

お父さんが変わった！

若葉の匂いを含んだ風が、教室の窓のカーテンを優しく揺らしていました。午前10時、これから水曜日の朗読レッスンが始まります。生徒さんたちは、おしゃべりをしたり、本を広げて小声で読んだり、思い思いの過ごし方で開始時間を待っています。

そこへ、静かなノックとともに白いパナマハットを浅くかぶったおしゃれな男性が颯爽《さっそう》と入ってきました。

その日、朗読教室の体験をされる松井さんでした。

初めて参加する方がいる日は、必ず全員で自己紹介をします。順番が進み、彼の番になりました。

「初めまして。私はこれまで40年近く企業戦士をやってきた松井といいます。定年退職して何か新しいことを始めたいと思い、以前から好きだった朗読で、いずれは施設などでボランティアをしたいと思い、こちらに来ました。どうぞよろしくお願いいたします」

堂々とした話しぶりです。でも表情は硬く、少し近寄りがたい印象でした。引き続き聞いていくと、こんな話をされました。

「長年にわたる部下への癖なのか、家族からは『言いたいことをストレートに言いすぎる』『命令口調で偉そうだ』などと文句を言われて困っています」

それを聞き、私が、ボランティアにつなげたいということ以外のお悩みの解決には、話し方の教室などがよろしいのではと提案すると、もじもじしながら、またこう続けました。

「じつは……、妻には、子育てや家のことすべてを任せっきりで苦労をかけてきました。せめてこれからは、妻の好きな本を朗読して楽しませてあげたいと思っていまして」

と、教室にきた本当の理由を話してくれました。女性陣からは、うらやましさのこもった「素敵〜〜」という声と拍手が湧き起こりました。

こうして松井さんは、20代の俳優志望の男子から50代の主婦までの、個性たっぷりのクラスの一員になったのです。

レッスンを始めた松井さんは、朗読に少し歌舞伎のような独特の節《ふし》がついていました。そこを指摘すると、その度に少しいら立ったような表情を見せます。今まで上司として部下に指導する立場だったのですから、無理もありません。

しかも、レッスン時は、いつもギリギリの時間にガムを嚙みながらあいさつもせずに黙って席に着き、教室の仲間が話しかけても、気に入った人としか話そうとしません。

それでいてほかの生徒さんには、「漢字の読み方、よく間違えますよね」などと言って相手の機嫌を損ねたり、「あのデブの人、今日は来てないの?」なんてデリカシーのない言葉で周囲を凍りつかせたりすることもありました。クラスの生徒さんたちにとっては年上の男性ですから、何も言えずに気まずい雰囲気になることもしばしば。

「だって本当のことだもの」と言って開き直っている松井さんの様子に、体験レッスンの日に女性陣が抱いた紳士的なイメージは早々に崩れ、まとまっていた水曜日クラスに小さな波が立ちはじめました。

芥川龍之介の『蜜柑』をクラスみんなで朗読していたときのことです。

作品のなかの、汽車に乗り合わせた十代半ばで奉公に出される少女を表現する部分を、松井さんは言葉をぶつけるように、冷ややかに読んでいました。私が「少しだけ優しい眼差しで少女を見つめてください」と伝えても、なかなか上手くいきません。しかも、ご自身ではそれを自覚できていないようで、自宅で奥様に朗読を披露したら、「なんだか伝わってこない」と言われたらしく、「せっかく、いい声で読んでやっているのに、なぜ伝わらないのか」と、不満げに報告してくるようなこともありました。

私が朗読教室を開いた理由のひとつに、朗読を通して舞台で輝いてほしい、拍手に包まれる素晴らしさを味わってもらいたいという思いがあります。

コツコツ積みあげた練習の成果を、できるだけ人の前で発表する機会が持てるように、年に1〜2回、「朗読ライブ」というタイトルで発表会を行い、生徒さんのご家族や友達だけでなく、広く地域の方々をご招待してきました。

この「朗読ライブ」では、朗読の楽しさを広く伝えたいという思いもあり、作品選びや稽古は、いつも以上に真剣です。通常は、読みたい作品を生徒さんご自身に選んでもらっていますが、ときには読み手の個性が引き出される作品を私から提案することもあります。

そんな「朗読ライブ」が近づいてきたある日、私にあるアイデアが浮かびました。松井さんを中心に、水曜日クラスのメンバーで朗読劇を上演してはどうかと。

作品は、重松清著『季節風　夏』に収められている『あじさい、揺れて』。

これは、深い家族愛を描いた切ない短編です。この物語に出てくる父親を、ぜひ松井さんに演じてほしいと思ったのです。水曜日のクラスには母役や娘役、息子役の適任者が勢ぞろい。この作品を通じて、松井さんの奥様やお子さんたちをアッと言わせたい。それが私のひそかな計画です。

朗読は「いい声で読めば伝わる」とか「字面をつかえないようにスラスラ読めばいい」というものではありません。ましてや朗読劇ともなれば、仲間同志の絆を大切にして心でセリフを語らないと観客には伝わりません。とくに『あじさい、揺れて』は、家族や周囲を思いやる言葉が至るところに出てくる作品です。

練習を始めてみると、松井さんだけでなく、ほかの生徒さんもそれぞれ自分が上手に読もうとすることばかりに必死で、家族の一体感を表現することができません。

むなしく時間ばかりが過ぎていきました。次第に疲れ果て、なんとなく覇気がない雰囲気をお互い感じ取った仲間同士、誘い合って食事に行くことになりました。

食事を終えて、ふと松井さんのほうを見ると、隣に座った20代の俳優志望のA君に励ましの言葉をかけ、まるで父親のように優しく接していました。聞くところによると、これまでも彼に食事をご馳走するなどして、たびたび心をかけていたようです。

わたしは、松井さんの本当の姿を見たような思いに、強く胸を打たれました。

そして、数日後のレッスンのとき、松井さんにこう告げたのです。

「A君に接するときと同じような気持ちで、この父親を演じてみたらどうでしょう？」

すると、松井さんの顔に「なぜ朗読劇にそんな感情を込めなくてはならないのか？」というような、反発する表情が浮かびました。

私も負けません。なんとか朗読ライブを成功させたい一心で、こう伝えました。

「会場に来てくださるお客さんは、みんな感動したいと思って来てくれています。下手でもいい。人は、一生懸命一途にやればやるほどかっこいいんです。そんな松井さんの姿に心を動かされる人がきっといます。いい加減にやるなら、やらないほうがいい」

すると、松井さんに変化があらわれてきました。

小さなアドリブを入れたり、仲間がセリフを言いやすいように視線を注いだり、細かな動作まで入れられるようになり、メンバーのまとう空気に、まるで本当の家族のような温かさが感じられるようになったのです。そして、いつの間にか松井さんは、この物語の家族の中心――父親――となって、周りを温かく包み込んでいたのです。リハーサルであるにもかかわらず、その様子を見た私は涙がこぼれそうになりました。

そうこうするうちに、いつしか松井さんの普段の言葉にもまごころがこもるようになり、表情も柔らかくなっていきました。松井さんを煙たがっていた女性陣とも楽しく会話する姿を見かけることが多くなり、チームワークも固まっていったのです。

そして本番の日。

「家で練習していたら、家内にダメ出しをされて困ったよ」

と照れながら、少し緊張気味の松井さん。客席には奥様、息子さん、娘さんがいらしてくださっています。

幕が上がりました。初めはやや表情がかたく見えましたが、次第に舞台上に和やかな空気が漂いはじめ、まるで本当の家族の日常会話を聞いているような自然な語りで舞台は進んでいきました。

そしていよいよ松井さんのここ一番の聞かせどころのシーン。父親が亡き息子に向け、自分たちしか知らない思い出を語りかける場面です。松井さんは、ただ一点を見つめ、言葉を嚙みしめるように全身全霊で息子に届けています。

相手の気持ちに寄り添うことが苦手で、お子さんの運動会やさまざまな行事にも無関心。頑固一徹で奥様にだいぶ苦労をかけたと自ら語る松井さんが、子どもを思いやる、慈しみの心にあふれた登場人物に心を重ねています。

錯覚でしょうか、スポットライトを当てていないはずなのに、松井さんのいるところだけポッと光に包まれているように見えました。

その姿に、私はもう胸がいっぱいになりました。客席を見ると、奥様やお子さんの目にも涙がにじんでいます。厳しさの塊のような企業戦士だった夫・父親が、まさか舞台で仲間たちと純粋に朗読劇を演じるなど、想像もしていなかったはずです。

会場のあちらこちらから、すすり泣きの声が聞こえていました。


終演後、出演者の表情は達成感と充実感で輝いていました。物語の人物の優しい心に触れることで、演じるほうも聞くほうも、ともに癒やされる瞬間が訪れるということを、私は初めて体験しました。

その朗読ライブ以来、松井さんはすっかり朗読のとりことなり、グループレッスンに加えて個人レッスンにも申し込み、さらに研鑽を重ねるほどの熱心さです。デリカシーのない発言も今は消え、教室内に「松井さんの声」のファンが増えて、ムードメーカーとしても、なくてはならない存在となっています。

家庭では「旦那様専任朗読アドバイザー」である奥様と、朗読を通して会話がはずむようになり、息子さんには「親父の性格が本当に丸くなった」、娘さんには「パパ、今から声優になったら？」とまで言われているそうです。

「朗読は、私のこれまでの世界を大きく変えてくれたと同時に、家族の絆の大切さを気づかせてくれました」

朗読ライブが終わってからは、誰よりも早く教室に来るようになった松井さん。コーヒーの香り漂う教室で、今日もみんなの到着を待っています。

このお話のプロミネンス

朗読は、書かれてある文字を読み上げるだけのものではなく、風景やその場所の匂いまでも聞き手に届けていくことです。

それには、とことん作品と向き合い、作品を深く読み取っていくこと。その練習の過程で、松井さんは朗読力だけでなく、ご家族や身近な方へかける言葉も変化していきました。物語の登場人物の心に寄り添い、理解しようとすることで、実生活においても身近な人の心や、他人の気持ちが理解できるようになっていける。朗読の力は、本当にすごいと感じました。

母娘をつないだ〝ごんぎつね〟

ある特別養護老人ホームから、「クリスマスが近いので、ボランティアに来ていただけませんか？」とご依頼をいただきました。

私たちは4か月に一度のペースで、老人ホームやデイサービス施設へ訪問させていただいています。定期的に訪問している施設とは別に、このように突然ご連絡をいただくこともあります。

さっそく教室生のみなさんに声をかけると、これまで「ボランティアなんて無理」と言い続けてきた真衣さんが、初めて参加したいと言ってきてくださったのです。ほかのメンバーたちは大喜びでした。

じつは真衣さんは小劇団の役者さんです。とくに朗読の「セリフ」の部分は、どんな役柄も見事に演じられる真衣さんに参加してもらえたら、さぞ入居者さんも喜んでくれる、とメンバー全員が思っていました。

「真衣さんが参加してくださるなんてうれしいわ。一緒に楽しみましょうね」

そう私は言いました。

にっこりされた真衣さん、ただ、なんとなく陰りのある表情が気になりました。

ソフィアの森ボイスアカデミーの行う「朗読ボランティア」は、私たちメンバーが本を朗読するわけではありません。入居者のみなさんに声を出していただきます。「アイウエオ」の五十音を丁寧にゆっくり発音していただき、簡単な早口言葉も楽しみます。ボランティアメンバーのほうがスムーズに言えず、みなさんから笑いが起こることもしばしば。みんなで宮沢賢治の『雨ニモマケズ』を大きな声を出して朗読したり、谷川俊太郎さんの素晴らしい詩を一緒に唱和したりすることもあります。ボランティア活動の後半には、懐かしい歌を一緒に歌います。

朗読ボランティアがこのスタイルに行きつくまでには、多くの試行錯誤がありました。

そもそも、こういう活動を始めたのは、3年ほど前に老人施設の方から、

「高齢になるにしたがって会話が減り、口の周りの筋肉が弱まってしまうのですが、それを防ぐ体操はありませんか?」

と、聞かれたことがきっかけです。

ボランティアを始めた初期のころは、何をやったら入居者の方に喜んでいただけるか手探り状態が続きました。さまざまな失敗や試行錯誤の末、現在の朗読あり、歌あり踊りありのプログラムに落ち着きました。入居者さんからの評判もよく、今ではいろいろな施設さんからお声をかけていただけるようになっています。

特別養護老人ホームへの訪問当日になりました。ところが、いつも元気な真衣さんの表情がこわばっています。体調が悪いのかと思って声をかけてみました。

「真衣さん、元気がないようだけど大丈夫？」

そう聞くと、真衣さんの表情がにわかに曇り、こう言ったのです。

「……じつは、今日行くところは私の母が入居している施設なんです」

私もみんなも驚きました。

「私は、小さいころから気性が激しい母に怖さしか感じず、ずっとわだかまりがありました。母の機嫌がいいときにはなんでも話せるけれど、悪い日は顔色を気にして、ひと言ひと言、気を遣いながら話さないと、ご飯を食べさせてもらえないんじゃないかという恐怖のなかで生きてきました。母に甘えたり、母の手を握ったりした記憶は一度もありません。

数年前に母が認知症になって介護が必要になったとき、地方にいる兄が面倒を見ることができず、私がひとりで見ることになりました。それはそれは大変な毎日でした。ようやく施設に入所することができたのですが、近くに住んでいるのになぜか足が遠のいてしまい、私ってなんて冷たい人間なのだろうと自分を責め、落ち込んだ気持ちになるのです。このままではいけない、何かしなくてはといつも思っていました。

先生から施設の名前を聞いたとき、一瞬迷いました。でも仲間たちとボランティアに行けば、お話や歌が大好きだった母に何かやってあげられる、そう思ったのです。だけど、やっぱり母に会うのが怖い……。こんな気持ちで参加してすみません」

真衣さんの表情が暗かった理由がやっとわかりました。

心の深いところにいろいろな思いがある真衣さんに、こんなことを聞いてみました。

「お母さんの好きな歌は何？」

すると、真衣さんはこう言いました。

「私が小学生のとき、『五番街のマリーへ』っていう歌を歌っていたのを覚えています」

「じゃあ真衣さん、今日は特別、歌のコーナーで、それをソロで歌ってくださる？」

「え？　私がですか？」

「大丈夫。カラオケだからモニターに歌詞は出ますよ」

そう私が言うと、最初は躊躇していた真衣さんでしたが、仲間たちの後押しもあり、歌うことに決まりました。

『五番街のマリーへ』という曲は、1973年にヒットした、ペドロ&カプリシャスの名曲です。ボーカルの高橋真梨子さんのあでやかな歌声は、当時日本中を魅了しました。きっとお母様が若かったころの思い出が詰まった曲なのでしょう。

私たちは真衣さんの歌声がお母様の心に届くことを願い、期待を胸に出かけました。

施設のフロアには午後の太陽が差し込み、ゆったりとした時間が流れていました。すでに椅子が20脚ほど並べられ、準備も万全です。次第にひとり、2人とフロアが入居者さんで埋まっていきます。

シルバーカーで来られる方、車椅子の方、ご自身で歩いて来られて、職員さんにハイタッチされるご婦人。お辞儀をしながら、「よろしくね」とお声をかけてくれる男性、「ありがとありがと」と、ニコニコしながら一番前に座ってくださるご婦人……。

人生の大先輩のみなさんを前に、とにかく一生懸命務めさせていただくことしか私たちにはできません。

クリスマススペシャルと題したレクリエーションの前半は、写真をお見せしながら世界各国のサンタクロースの特徴をお話ししていきました。ふと見ると、真衣さんが前列のご婦人を気にされています。真衣さんがいるのに気づいた施設の方が気を利かし、お母様を前にご案内してくれたようでした。

いよいよ歌の時間が近づきました。真衣さんの表情はいつもの微笑に戻っているように見えました。真衣さんのお母様がお若いときに好きだった歌『五番街のマリーへ』が、お母様の心に届いて欲しい……。

曲のイントロが始まると、ホール内がシーンと静まりかえりました。施設の方々もうつむき、目をつむって聞いています。真衣さんの複雑な心と、それでも届けたいという気持ちがメロディーに乗せられ、聞いているうちに私たち仲間は悲しくもないのに、なぜか涙があふれてきました。

歌が終わると、フロアにみなさんの心からの拍手が鳴り響きました。

「私が歌っている間、ずっと母は車椅子から私を見上げていました……。こんな機会をいただけて、もう満足です」

静かに紅潮した様子で真衣さんがそう言いました。私は、

「真衣さん、せっかく施設に来たことだし、私たちは先に帰るから、この後、お部屋でお母さんと過ごしてから、ゆっくり帰ってきてね」

と言い、先に帰ることになりました。

お母様に何かお土産はないかとカバンをゴソゴソ探していると、『ごんぎつね』の絵本が入っていました。ボランティアでは急なアクシデントに備え、読み物と紙芝居は必ず準備しているのです。その本を差し出しながら、私はこう言いました。

「このご本、読んでさしあげたらどうですか？」

「残念ながら、お話はもう理解できないと思います」

「理解できなくてもいいじゃないですか。それよりさっきのように真衣さんの声を届けることが大事なんですよ。がんばって」

真衣さんは、ぎこちなくうなずき、『ごんぎつね』を手にしてくれました。

絵本や物語の朗読は、子どもだけでなく大人にとってもいい効果があると言われています。読み手と聞き手との心につながりが生まれるほか、読み手は声を出すことで脳の前頭

前野を活性化させ、感情のコントロールができるようになり、聞き手は心地いい声の響きに心が落ち着き、優しい心になっていけます。

その日の夜、真衣さんから長いメールが届きました。

「先生、今日は本当にありがとうございました。施設の方にも『お母さんの表情が、今まで見たことがないくらいにこやかでしたね』と言っていただきました。

部屋をのぞくと、母はベッドに横たわっていて、声をかけても返事はありません。でも、「聞いてくれなくてもいい」と思って『ごんぎつね』を読んでみました。

10分ぐらい経ったとき、母がゆっくりと寝返りを打ち、私のほうに顔を向けてきたんです。物語は狐のごんが罪の償いにたくさんの栗を持っていったところを兵十に気づかれ、火縄銃で打たれてしまうところでした。

ふと見ると、母が涙をこぼしていたのです。信じられませんでした。びっくりして、言葉が詰まってしまいました。そういえば昔、『みにくいアヒルの子』の本を私に読み聞かせながら、『アヒルがかわいそう』と言って母が泣いたのを思い出しました。母は本が好きだったんです。

そのとき、なんだか母の人生に思いを馳せました。ずっと働き続けてきた母、父を亡くしたときのこと、仕事をしながらこなしたおばあちゃんの介護。どれだけ大変だったろうと思いました。認知症が進み、今はもう口をきけなくなった母が、なんだかかわいそうに思えて泣けてきました。

正直言って、今まで私は母との距離感がつかめず、何をしてあげたらいいのかわかりませんでした。でも今日、絵本を朗読して、母との距離が少しだけ縮まったと思えたんです。それから、思い切って母の手を握ってみました。瘦せて骨ばった手のひらから、会話ができなくてもつながった感じが伝わりました」

メールを読んだ私は、言いようのない感動に胸を打たれました。

読み聞かせは小さなお子様に限るものではありません。たとえ会話ができなくても、高齢になった親と家族が、わずかな時間で心をつなぐ架け橋になることを教えられた気がしました。心を開くきっかけは、どこにあるかわからないものです。私自身、朗読の力をあらためて知り、心から感動しました。

それ以降、真衣さんはお母さんの施設に通ってお昼を共にし、絵本を読むようになりました。これまでできなかった親子の時間を少しずつ過ごせるようになったのです。

お母様、どうか真衣さんの読み聞かせに耳を傾け、拍手を送ってください。

今日も、真衣さんはお母様に会うため、車で施設へ向かいます。カーオーディオから流れる『五番街のマリー』を聞きながら。

このお話のプロミネンス

「『ごんぎつね』の読み聞かせは、長年の母との間に渦巻いていたわだかまりを洗い流してくれたようでした」と話してくださった真衣さん。お母様とどう接していいかわからなくなっていたときに、読み聞かせが親子の絆を再びつないでくれたのです。

『ごんぎつね』の話は、どんなに尽くしてもわかり合えないつらさ、悲しさが心に刺さるように迫ってきます。お母さんの涙はごんを思って流したものなのか、寄り添う真衣さんの姿にうれしさを感じたからなのかはわかりません。でも、このとき真衣さんが初めてお母さんを愛おしく思うことができたのは、ファンタジーや現代のものではなく、新美南吉が書いた『ごんぎつね』だったからだと、私は信じています。

お義父さんからの素敵な贈り物

黒田さんの家族は奥様と娘2人の4人家族。夕食時は女子トークで盛り上がり、なかなか話についていけません。だから、だんだん黙るようになってしまいました。

「あのお菓子おいしいよね」

「○○の曲、すごくかっこいいんだよ」

そう言われても意味がわからず、まったく父親の存在を気にも留められていない様子です。ようやく知っている話題になり、うれしげに会話に入ると、

「お父さん、滑舌悪くって、何言ってるかわかんなーい」

「もう少し、早くしゃべってくれるかなー、イライラするんだけど」

と、集中砲火を浴びる始末。取りつく島もないのでした。

黒田さんは、大手企業のシステムエンジニアとしてずっと勤務し、まもなく定年を迎えます。再就職先も決まりました。第二の人生を歩みはじめるにあたって何か新しい趣味を見つけようと、料理教室やカラオケ教室、陶芸などの体験レッスンを回っていたときのこ

とでした。

黒田さんを除く家族全員が、ＮＨＫドラマ『この声をきみに』を観て、こう言ったというのです。

「お父さん、朗読教室に行ったほうがいいよ」

ドラマを観ていなかった黒田さんは、いきなり何を言い出されたのか理解できずにいると、奥様はさっそくパソコンで「ソフィアの森朗読塾」を見つけ、こう言いました。

「ここがいいわ。『この声をきみに』の朗読指導をしている先生の教室だから。申し込んでおくから必ず行ってね」

ドラマ『この声をきみに』は、２０１７年9月から11月まで放映された大森美香さん作・脚本のテレビドラマです。

大学で数学の講師を務める孝《たかし》は相手の気持ちを考えることができず、家庭では妻から見放され、大学の講義にしても学生を惹きつける授業ができず人気がありません。

そんなとき、学部長から勧められたのが話し方教室でした。

しかし、そこでも麻生久美子さん演じる講師の京子先生と気が合わず、教室を出て行くことになります。その後、意を決して訪れた朗読教室で再び京子先生と会うことになり、ストーリーが展開していきます。

次第に孝は京子先生や仲間の心に触れ、朗読を通して相手の気持ちを少しずつ理解できるように変わっていく……、という内容です。全国からの反響は大きく、2017年11月度の月間ギャラクシー賞を受賞しました。

根っからの理系気質の黒田さんは、ドラマの主人公の竹野内豊さん演じる大学の数学講師・孝そっくりでした。家に帰ると、いつも家族から、「会話がヘタ」とか「お父さんって話題がないんだから」と、常に見下されているのがたまらなかったのです。

そんないきさつで黒田さんがしぶしぶ参加したのは、5回完結の朗読短期講座でした。初めて教室に入ってきたときの黒田さんのイメージは、降ってもいないのに全身が雨に濡れているよう。うつむき加減で暗い表情が気になりました。

朗読の基礎の講義を聞いた黒田さんは、最初から驚きの連続だったと言います。

朗読は音読と違い、聞き手を意識しなくてはならないということ、作者の意図を的確に伝えるためには技術が必要であることなど、これまでの自身の話し方や朗読に対する考え方を覆すものだったそうです。

会社のプレゼンではただひたすら自分の意見を主張することが多く、聞き手を意識することなど、まったくなかったのでなおさらです。

「私は、大手企業でシステムエンジニアをしています。話すことに対しては自信がありませんが、じつは目立ちたがり屋で、テレビに出たこともあります。具体的に言うと……」

うつむき加減のこの人が「目立ちたがり屋」ってどういうこと？　そんな疑問もさることながら、黒田さんの自己紹介は、なんだか商品のプレゼンを聞いているようでした。

ほかの人からどう見られているかがわかっていない黒田さん。ただ、その話しぶりには芯の強さやまっすぐな意志も感じられて、教室生のみんなも一同驚きの表情です。私も、彼がこれからどのように変わっていくか楽しみになってきました。

それからというもの、ご家族の後押しもあって黒田さんは欠席することなく通い続けました。教室生の誰とも会話をせず、ひとりでレッスンを受けていたのです。

そんなある日のこと、数日後に行われる別クラスの発表会の準備に追われる私に、

「私でよろしければ、ビデオ係をさせていただきますが」

と言ってくださいました。これまでも、お子様たちの運動会、入学式、卒業式で「記録担当係」として活躍されてきたのでしょう。腕を見込んでお願いすることにしました。

出来上がったＤＶＤは、見事に編集されたプロ仕様でした。

「すごい！　なんのお仕事をされているのですか？」

そう質問攻めにあう黒田さんは、心なしか居心地よさそうに見えました。そして、これがきっかけで次第にお仲間と談笑する場面も出てきたのです。

「先生、発表会は目からウロコでした。朗読ってすごい力があるんですね。人生に関わる悲しい題材に接すると、つい涙が出てしまいました。泣いたのは久々です。今度、私も出演したいです。読んでみたい作品があるのでどうか出してください」

そんな黒田さんのひたむきさに心打たれ、真剣なレッスンが始まりました。


じつは、黒田さんがご家族から指摘されたのは、滑舌や話し方、スピードでしたが、それ以上に私が気になったのは、全体のメリハリのなさと抑揚のない語りの部分です。言葉にはアクセントがついていますが、全部が一本調子。声も最初から最後まで変わらない平坦な読み方で、そのままだと眠くなってしまいそうです。

「黒田さん、言葉に表情をつけてみませんか？　きっと聞き手は、風景や匂いまで感じられるようになりますよ。がんばってみましょう」

「でも、もともとかすれ声で聞き取りにくいから仕方ないんです」

「そんなことはありませんよ。口をもう少し開けて話してくださいますか？」

何度も同じことを繰り返す私をいやがることなく、いつも教室では一番私に近い席に座り、真剣に話を聞いている姿からは、黒田さんの真剣さが垣間見え、本気で成し遂げたいという気持ちが感じられました。

いよいよ黒田さんが出演する発表会が近づいてきました。彼の読みたい作品、それは斎藤隆介の絵本『火の鳥』でした。

黒田さんは朗読を始めたばかりです。ましてこの本は、メリハリと表現力が必要とされるもの。声のトーンなども当然のこと、ダイナミックなセリフも随所に出てきます。内心、作品を変えたほうがいいなと思いました。しかし、黒田さんからはどうしてもこの作品を読みたいという強い気持ちが感じられ、完全にその迫力に押されてしまったのです。

とうとう発表会当日を迎えました。

とにかく初めての出演だから失敗してもいい経験になると、私自身が自分に言い聞かせている状態でした。

黒田さんの緊張気味の後ろ姿が見えました。思わず、

「黒田さん、今日はがんばってくださいね、リラックス」

と言うと、

「先生、今日、娘が聞きに来てくれるんです」

そう目を輝かせながら、とてもうれしそうです。

「『火の鳥』は、私にはまだまだむずかしいのはわかっていました。

じつは、家内の父が娘の誕生日ごとに毎年本を送ってくれましてね。義理の父は生前、翻訳などをしており、大学で先生もしていましたが、数年前に亡くなりました。私は義父を心から尊敬していたんです。

娘が誕生したときに義父がくれたのが、『火の鳥』でした。絵本を通して、人としての優しさと、強さや勇気を教えたかったんだと思うんです。だからこそ、今、娘のために読んで聞かせたいと思ったのです」

義理のお父様の心を受け止めた黒田さんが、どうしても娘さんにその物語を語り聞かせたい。その思いが理解できた私は胸が熱くなりました。

奥様と娘さんたちに押されて教室に通いはじめ、ぎこちないながらも一生懸命練習してきた黒田さん。口下手で、「何を言ってるのかわからない」と言われ続けたお父さんが、今日ステージで、娘さんに、そして多くの観客を前に朗読するのです。

ステージにゆっくり入り、いよいよ黒田さんの読みが始まりました。

十分落ち着いています。声に単調さはありましたが、「伝えたい」「聞かせたい」という熱い思いがこもっていました。

物語は中盤に差しかかり、ここ一番のセリフです。

火の鳥が高く「コウーッ」と鳴く声。

シンと静まった会場内に大きく響き渡りました。

黒田さんがこんなふうに演じられるなんて……、と誰もが思ったはずです。そうして一生懸命、全身全霊でまっすぐに読み続け、12分間の朗読ステージを無事しっかりつとめ上げることができました。

会場からは大きな拍手が送られました。

その後のアンケートでは、「黒田さんに感動した」「朗読とは何かを知らされた」「慣れきった自分の朗読を見直す機会をいただいた」「技術以上に心を感じた」……、そんな声が寄せられたのです。これを伝えると、黒田さんはただ涙を浮かべるだけで、言葉はありませんでした。

その翌週のレッスンで、短期間でダイナミックに表現できるようになったきっかけと、どのように練習したかを聞いてみました。

「家で練習していると、聞いてないふりをしながらも、しっかり家族がチェックしていて厳しく指摘されました。

そのせいか家族の会話が増えましてね、それに読書量が増えて話題の幅が広がり、家族の会話に入れないこともなくなりました。

発表会の日は、部活を抜け出してわざわざ来てくれた娘に褒められたんですよ。朗読が人を感動させたり、楽しませたりできるとは思ってもみませんでした。でも、今は話し方にも不安がなくなって、家族にも『変わった』と言ってもらえました。

朗読ってすごいですね。

会社の人脈とは違う『朗読』という関わりで集まったみんなが、『変わりたい』って思って練習しているのが本当に気持ちいいです。毎回レッスンが楽しみで、この年齢になってワクワクするなんて想像ができませんでした。本当に幸せです」

そして、人としての強さや弱さ、時に立ち向かう勇気を教えてくれる絵本を、一冊一冊心を込めて朗読するのが新たな目標だと話してくれました。

黒田さんはこの先、発表会のステージで読む作品には当分困らないようです。なぜなら、義理のお父様からお嬢様に贈られた絵本が書棚にたくさん並んでいるから。

どうか、ご家族のみなさん、大きな拍手を送ってください。お父さんの変わられた姿と、その「心の声」に。

このお話のプロミネンス

人が「何かを強烈に伝えたい」「届けたい」と強く思うとき、技術を超越した力を発揮することができます。そして、その熱い思いが感動へとつながります。

黒田さんが、「滑舌が悪いから朗読なんて絶対無理」と思っていたのが思い込みであったように、人は自分の秘められた力や才能を客観的に判断することができません。

何かのきっかけで、ある日突然自分の気づかない一面が引き出されるということがあります。黒田さんが、朗読で多くの方に素晴らしい作品を届けたい！　と新たな挑戦に踏み出せたのは、じつはほかならない小さな一歩からだったことを思わずにはいられません。

おじいちゃんの日記

いつものように生徒さんたちは、おしゃべりしながらレッスンの開始を待っていました。そのとき、軽いノックの音とともに、2人の女性がひょっこり入ってきました。2人とも、ポロシャツに山登り用のズボンというアウトドア派のスタイル。入口のチラシを見て、ちょっとだけ立ち寄ったという印象です。

「予約なしでもいいですか？」

とおっしゃいますので、

「どうぞご参加ください」

とお返事いたしました。

そうして、飛び入りの2人を交えて自己紹介が始まりました。

ピンクのポロシャツを着たショートカットの女性が言いました。

「子どもに手がかからなくなってきたし、何か没頭できる趣味を作りたいと思っていたんです。そうしたら、この建物の入口でふとチラシが目に入り、お友達を無理に誘って入ってきちゃいました」

その日は、自己紹介とともに「自慢できること」を1分間ずつ話してもらい、教室内は笑いに包まれました。そんな和やかな雰囲気を、ピンクのポロシャツさんはお気に召したよう。入会申込書の年齢欄に堂々と〝25歳〟と書いてあります。ひょうきんで明るい性格の52歳の女性、職業は主婦。それが志津さんでした。

志津さんは、元編集ライターです。世の中の動きに敏感で、調べ物がお得意。何ごとにおいても完璧主義な性格で、レッスンは1日も休まず、私がほかの方へしているアドバイスさえ、ひと言も聞き漏らさない姿勢です。

もちろん自宅でのお稽古も毎回欠かさず取り組んできます。

本を何度も読みこみ、登場人物の性格をとらえていく、プロ顔負けの取り組み方は舌を巻くほど。読書量において群を抜く志津さんは、次第にほかの生徒さんたちから一目おかれる存在になっていきました。

3年が経ちました。驚くほど上達された志津さんに、

「今すぐとは言いませんが、将来的に朗読のインストラクターを目指したらいかがでしょ

う？　多くの方がきっと喜んでくださると思いますよ」

と提案しました。すると、

「私は自分がうまく読めれば、それでいいんです。朗読を人に教えることなんてできません。私、自分がうまくなりたいだけですから」

きっぱりと、はねつけるような勢いで返事が返ってきました。


さて、「黙読」と「音読」「朗読」の違いはなんでしょうか？

声を出さずに読むのは「黙読」。「音読」は声を出して自分の理解のために読むことを言います。「朗読」は相手に向けて物語の内容を声で表現すること。つまり、情景などを聞き手が想像できるように工夫して読むことをいいます。

朗読は、自分がうまくなりたいという思いだけでは行き詰まってしまいます。ある程度上達したら人に語り、朗読ボランティアなどを経験し、どうしたら他者に言葉が伝わるかを考えて工夫することで深みが増していくからです。

志津さんには「人の役に立つことは自分の学びにもなる」ということをたびたびお伝えしましたが、なかなか理解していただけませんでした。

ある日のことです。志津さんが教室に入ってくるなり、私にキラキラする賞状を掲げて、こう言いました。

「先生、私、保育士の免許を取りましたよー」

周りにいた教室生も驚きを隠せない表情です。元編集者の志津さんが、これから保育を仕事にするとは考えられなかったからです。

保育士の試験では、「絵」「読み聞かせ」「ピアノ」のなかから2つを選択し受験することになっています。志津さんは「読み聞かせ」の試験を受けたいがために、保育士を受験したのです。

そして、さらに驚いたことに、こう言うのです。

「先生、私、声優の事務所のオーディションを受けるつもりです。ナレーションをデータで送ると、講評をくださるんですって。その講評が返ってきたら自分のダメなところをしっかり見直していきたいと思います」

志津さんの、上手になりたいという情熱にはすさまじいものがありました。

その後も志津さんは一生懸命、朗読を学び続けました。

2年が過ぎたある日のこと、

「先生、私、すごい気づきがありました」

興奮した表情で教室に入ってきた志津さんが話しはじめました。

「先日、実家の祖父の十三回忌の法事があって、母を連れて行きました。夕方に親族が集まって飲んで騒いでいたときに、祖父が生前につけていた日記が蔵から出てきたと叔父が言ったんです。みんなでワイワイ言いながら読みふけりました。

祖父はとても頑固で厳しい人でした。でも、『正博が泣きながらくるみ団子を食べた』とか、『博子、今日は不機嫌である』なんて書いてあって、みんなで笑いました。なかには、『いじめられている子どもが目についた。かわいそうに、自分の昔を思い出す。ケンカして泥だらけで泣いて帰ると母は、「かわいい、かわいい」と言ってなでてくれた。ただ優しかった』なんて書いてあって、泣けてきました。そんな日記が何冊もあるんですよ。九州から来た叔父や叔母たちが『もっと見たい、もっと見たい』って言って。亡くなった祖父は、あの世で『見るな、見るな』って慌てていたかもしれないですよね。

その日の朝、久しぶりに会った従姉妹のお姉さんに朗読を始めたことを話していたので、『あっ、志津さんに読んでもらったら？』ってことになっちゃって。習っていると言った手前、上手に読まなきゃと思って真剣に読みました。

そうしたら、私の読みに親族一同がシーンとなってしまったんです。それまで盛り上がっていたのに、私、何か大変なことをしたかしら、と思ってしまいました。すると、隣で叔母が泣いているの。悪いことをしたのではなくて、親族から大絶賛だったんです。『伝わってきたぞ』『おじいさんがしゃべっているみたいだ』って叔父たちにも褒められて、『志津、読むのがうまいなあ』って。私、30年ぶりにお小遣いもらったんですよ。

それから数日後、叔母がわざわざ手紙をくれました。

『……先日は朗読していただきありがとうございました。みんな感動しました。お盆にまた来てください。そこでまた朗読をお願いします』

日記の朗読が素晴らしかったと書いてくれたのは本当にうれしかった。先生のおかげです。このことを1日も早く先生にお伝えしたかったんです」

人の言葉には絶対動じない。そんなかたくなさを持つ志津さんが、私を頼っていてくれていたのだと感じ、意外さと同時に、ちょっぴりうれしさがこみ上げてきました。

このころから志津さんは、「伝わる読みとは何か」を考えるようになっていきました。

朗読とは、周りへも意識を運ぶことです。志津さんの変化は、ほかの生徒さんとの会話にもあらわれてきました。今まで、ほかの生徒さんに「どんな本を読めばいいかしら？」

などと聞かれても、「もっといろいろ読めばいいじゃない」と言下に一蹴していた志津さんでしたが、相手の好みを聞いてアドバイスするようになっていったのです。

その夏、夏目漱石没後100年を記念した「夏目漱石朗読コンテスト」が行われ、志津さんがエントリーしました。会場には旦那様やお嬢様も来てくださっていました。

そして、高校生から60代までの参加者のなかで、最優秀賞は逃したものの実質2位である「オーディエンス賞」を受賞されました。

オーディエンス賞は、観客が審査員として投票する数で選ばれます。これはすなわち、観客が共感してくださったという証し。朗読者にとって、このうえもない喜びです。

審査員からは、「聞き手の心をつかむ読みだった」「会場に語りかけるような朗読だった」との素晴らしい講評までいただきました。

これまで、「自分がうまくなりさえすればいい」と思っていた志津さんが、〝人の心を動かす〟読み方を考え、稽古したことが結果となってあらわれたのです。

それからの志津さんは、教室の仲間たちに本のアドバイスをしたり、意味のわからない言葉などがあると一生懸命調べてきてくれたりするようになり、いつもみんなの輪の中心にいるムードメーカーとしても親しまれるようになっていきました。そして、「朗読で誰かに喜んでいただけることが幸せ」とおっしゃるようにもなったのです。

「みなさ～ん、おにぎり作ってきましたから、どうぞどうぞ」

いつも通りレッスンが終わると、料理が得意な志津さんお手製のおにぎりがすっと差し出されました。おにぎりからは、ふんわりと桜葉のいい香りが漂ってきます。

ちょうどその日読んでいたのは、坂口安吾の『桜の森の満開の下』。

志津さんが、いかに作品を大切にして、それを周りの生徒さんと分かち合おうとしているかが伝わってきました。

「私は、家でも『本当の私』ではなく、『母』を演じているのかもしれません。でも、この教室はありのままの私を安心して出せる場所です。いつでもここがあるって何かあるたびに思うんです。そんな場所を作ってくださり感謝しています。これからも人に伝わる読みを上達させていきます」

そう話してくれた志津さん。
大丈夫よ。志津さんの読みは、もう独りよがりではありません。相手を思う温かい読みになっていますよ。

このお話のプロミネンス

「伝わるように読む」。

朗読では、これが一番むずかしいことでもあります。そのためには、内容をいかに「自分の言葉」として語れるかが重要になってきます。

志津さんが、小さいころからお世話になったお祖父様の日記をお読みになったときに聞き手を共感させたのは、単に字面を追うのではなく、寡黙で朴訥《ぼくとつ》なおじいさまの根底にある〝家族を思う心〟を読まれていたからでしょう。

同様に文学作品に関しても、登場する人物の性格や言葉の裏側にある気持ちをくみ取って伝えることができたならば、聞き手の心を揺さぶることができるのかもしれません。

本文中に登場した作品

・芥川龍之介作『蜜柑』

作者自身の体験を元にまとめられたこの短編小説は、今からおよそ100年前、一九一九年に発表されました。彼の「退屈な人生」と表現される暗さを一変させたできごと、その場面が色彩として心にありありと浮かぶ珠玉の作品です。奉公先へ向かおうとしている女の子が、走る汽車の窓から見送りに来た弟たちに向けて放るみかんが切ないほど胸に迫ります。

朗読する際は、それぞれの場面の「色」を感じながら、とくに女の子に対する作者の感情の移り変わりを表現すると、聞き手の心を動かすものとなるでしょう。

・重松清作『あじさい、揺れて』（『**季節風 夏**』**所収**）

4年前に亡くなった兄の妻が再婚することが決まり、報告のために幼い息子を連れて婚家に最後の訪問をするお話です。終盤、亡き兄がその息子にたったひとつ受け継いだ絆を知ることになるシーンでは強く胸を打たれます。この朗読劇に参加した教室生に、「姉役は誰にも渡したくない」と言わしめるほどでした。

初めてこの作品を読んだとき、登場人物の心が鮮やかに描かれていることに感服し、黙読するだけではもったいない、ぜひ朗読劇にしたいと直感で思いました。

・新美南吉作『ごんぎつね』

新美南吉の代表作。ごんが兵十に撃たれる最後のシーンは何度読んでもこみ上げるものがあります。ごんの兵十への懺悔の気持ちを優しく表現してもらいたい作品です。

読み手は、聞き手がこのお話に出てくる美しい情景に入り込んでいるかと錯覚させるように誘いたいものです。そのためには、読み手があたかも語り部のように、聞き手に話しかけるように表現していくと伝わるでしょう。これはプロでもむずかしい技ですが、朗読するうえではもっとも大事なことです。

・斎藤隆介作『火の鳥』

主人公のあさは12歳の少女。村に飢饉をもたらすとされる火の鳥を退治するために、母の形見のかんざしを持ち、たったひとりで山へ挑んでいく物語です。

この本を朗読するときは、うまく読もうとせず、地声で読んでいただきたいです。そして、いかに文章に節や色をつけず、まっすぐに表現できるかがテーマになります。

あさと火の鳥の闘いの場面では、声の高低、スピードでメリハリをつけるようにすると、より緊迫感が出てきます。腹式呼吸で声量をコントロールしましょう。声が小さいと思われる方は、この作品に挑戦することで自信につながるかもしれません。

・坂口安吾作『桜の森の満開の下』

昭和初期に活躍した坂口安吾の短編のなかでも秀作と言われ、これまで映画やドラマ、舞台と数多く上演されてきた人気の高い作品です。表題名からは儚《はかな》さを持つ桜の舞い散る美しさを思わせますが、内容は幻想的で、かつ残酷さを合わせ持ちます。

セリフも多く、昔話のような文体は、すぐ目の前にいる誰かに語りかけるように朗読すると、面白みがいっそう増して聞き手を引きつけられるのではないかと思います。

不思議な世界観を持つこの作品を声に出して読むとき、傑作と言われる所以がわかるかもしれません。

本の選び方

朗読を始めたばかりの方の質問の第１位は、「何を読んだらいいかわからない」です。

長く教室生を指導し、発表会やライブを主催していて感じるのは、朗読を始めて日が浅い方に限って、技術面でむずかしい本を選ぶ傾向があるということです。

その理由は、「その本を朗読している自分がかっこいい！」からなのだとか。その気持ちはわかりますが、むずかしい作品を選んだために、つかえたり、嚙んだりしながらしか読めないのは、かっこ悪いですよね。

本を選ぶときは、まず、「これはちょっと簡単かな？」と思うレベルの本を選んでみてください。それを家族や身近な方などに朗読して、伝わるかどうかを聞いてみましょう。その反応を参考にしていくことが大切です。

また、いろいろな朗読会に足を運び、出演者の方がどのような作品を選んでいるか、プログラムで確認してみましょう。一流の朗読家、プロの読み手ほどスタンダードな作品を選んでいることに気づくと思います。

小学校の教科書なども参考になります。教科書を甘く見てはいけません。大人になった今こそ、よりすぐりの作品が掲載されていることに気づくかもしれません。

絵本には、絵とともに文章の素晴らしい作品がたくさんあります。絵本なんて子ども向けなんじゃないの？　と思うかもしれませんが、子どものもの、大人のものという境界はありません。

朗読とは、多人数の聞き手と感動を共有していける貴重な時間です。感動し、純粋に心の中の何かが動いた（感性を揺さぶられた）と素直に感じたなら、ぜひ声に出して読んでみてください。その作品が気持ちよく自分に響いたならば、それがきっとあなたに合った作品なのかもしれません。

第五章

夢

ママが大変身するとき

「こんにちは。あのー、こちらの教室でよろしいでしょうか？」

そう言いながら、ひとりの女性が教室に入ってきました。

その日は、私が教室を始めて最初のレッスン日。期待で胸をふくらませながら生徒さんが来るのを待っていました。広い教室には、私と彼女しかいません。

彼女にしても、まさか自分が最初の生徒だとは思ってもみなかったことでしょう。向かい合わせで座りました。まるでお見合いのようです。

女性は貴子さんといって、2人の男の子のお母さん。下の子が幼稚園に入園し、やっと自分の時間が持てるようになったそうです。

でも、ずっと子育てに夢中になっていた間に、いつのまにか熱中するものが何も見当たらなくなってしまっていました。努力することから遠ざかってしまった自分が社会から疎外されたように感じ、「もっと充実した毎日を送りたい、何かを始めよう」とインターネットで検索したものの、今ひとつピンとくるものがありません。

ある日のこと、図書館へ子どもへの読み聞かせの絵本を探しに行った帰り、エントランスでたまたま朗読教室のチラシが目に飛び込んできたのです。

「そうだ、子どもに絵本を上手に読み聞かせできるようになりたい」

そう思って、教室をのぞきにきたのでした。

「私、あまり文学や小説を読まないのですけど、大丈夫でしょうか……」

朗読教室というと、文学に知識の深い年齢の高い方々が、静かに、しかも真面目な雰囲気で読んでいる印象を持つ方が多いようです。貴子さんもそう思われているようでした。

「私の朗読教室は、『朗読で一人ひとりが輝く』ことを目標にしています。言葉って人を元気にするし、言葉で勇気づけられることってありますよね。私は、文学作品や小説を自分の声で表現することで、誰もが心を豊かにすることができると信じているんです。文学の知識はとくにいりません。本をあまり読まない方でも大歓迎です。これから、いやというほど触れていくことになりますから」

私と貴子さんは2人で顔を見合わせて笑いました。

重ねてこう言いました。

「私は、この朗読教室に来る方みなさんに元気になっていただきたいですし、いつ来ても楽しくて幸せな気持ちになれる場所にしたいと思っています」

そうお伝えすると、彼女は深くうなずいてくださいました。

こうして貴子さんは、朗読教室の最初の生徒さんになってくれたのでした。


貴子さんは、もともと歌うことや声を出すことが好きで、大学時代にはミュージカルサークルに所属していました。ひとつの作品をみんなで作り上げる喜びを知っていたのです。そして、『美女と野獣』『ピーター・パン』など数々のステージで活躍し、表現することは生きがいとまで思っていたことを忘れてはいませんでした。

授業にはほかに声優志望の女性も加わり、少人数で朗読レッスンが始まりました。

貴子さんは、童話や絵本をどう読めばその楽しさが伝わるか、セリフをどう読んで表現したらいいのかなど、わからないことだらけのようです。

「そこは、おばあさんの声で」

「もっとおじいさんらしい声にしてみて」

「5歳の女の子になりきってみて」

私のつける注文に対してプライドを傷つけられたと思ったのでしょうか、貴子さんは恥ずかしさで顔を真っ赤にしていました。

ところが、貴子さんより年若い声優志望の女性は、常に堂々としています。それが貴子さんの気持ちに火をつけたのか、次第に彼女も変化していきました。

私自身も貴子さんの個性のある読みを聞きながら、教室生が自由に、そして果敢に挑戦していく姿に学ばせていただいていたのです。

「毎回、レッスンの帰りは気持ちが軽やかで、おかげさまで気分よく家事がこなせるようになりました。この間、主人が『今日、朗読教室だったでしょ』って言うんですよ。『どうして？』って聞くと、なんて言ったと思います？『今日は機嫌がよくて優しいから』だって。私、そんなにいつも怖いのかなと思いました。普通にしているつもりなんですけどね」

レッスンが終わった後、貴子さんはそう言って笑いました。

家庭内に朗読教室効果が波及しているなんてすごいですよね。貴子さんは、日常の生活とはまったく違う世界に浸れる朗読のレッスンが楽しくて仕方がないようでした。

数か月が過ぎました。

授業の回を追うごとに教室のメンバーは増え、人数は10人を超えていました。

貴子さんが言いました。

「先生、子どもたちが、以前は私が読み聞かせをすると走り回って聞きもしなかったのに、最近ではあまり騒がなくなって楽しみにしてくれるようになったんです。これって登場人物になりきって読めるようになったからでしょうか。お教室でいろんな声を練習しているおかげですね。朗読ってすごいですね。私、もっと上手になりたいな」

読み聞かせには、聞き手の心を安定させる効果があります。それを目の当たりにした貴子さんは、その後も面白い絵本を見つけて持ってくるなど積極的な姿勢で授業に臨まれ、本当に楽しんで読み聞かせをレッスンされるようになっていきました。

それとともに、彼女の母親らしい包み込むような温かい声は、教室生のあこがれになっていました。


1年が経ち、朗読教室を開いて初めての発表会を行うことになりました。会場は、市の文化会館の小ホールをお借りすることになりました。

教室生は全員、青い花をコサージュにして胸元に差し、お客様を迎えたのです。ポスターを見た近隣にお住いの高齢者の方々も何人かいらっしゃいました。

貴子さんは、重松清作『カレーライス』を心を込めて朗読しました。

会場には旦那様やお子さんたちも来ています。

読み終えた後、貴子さんは、

「先生、会場の優しい雰囲気に包まれる感じがすごく心地よかったです。教室の仲間たちが『伝わったよ』って言ってくれたのがうれしかった。2人の子どもが駆け寄ってきてくれたんですけれど、なんだか照れくさそうで、でもうれしそうでした。ステージでの朗読って、読み手も感動できるものなんですね。初めて知りました。余韻がまだ冷めません」

上気した顔で、そう話してくれました。

発表会が終わり、貴子さんが次なる目標を模索していたある日のことです。レッスン後、貴子さんが緊張した面持ちでこう言いました。

「私、幼稚園で読み聞かせサークルを結成したいんです」

大賛成でした。教室で学んだことを広く社会に生かしていってほしいというのは、私の目指すところだったからです。

「もちろん応援しますよ。サークルを作ったら勉強会をしていくといいですよ。この朗読教室で学んだことを幼稚園で生かせれば素晴らしいですね」

絵本の読み聞かせは、子どもとのコミュニケーション。親と子が一緒に物語の世界に浸り、共有することができたなら、親子の絆はいっそう深まります。とかく忙しさに追われる毎日の暮らしのなかで、夜寝る前の10分、いや5分でも、ふれあいの時間を持つことは、子どもにとって親の愛情がしっかりと刻まれるひとときになるでしょう。

貴子さんは幼稚園のママさんたちとグループを結成し、活動を始めました。

下のお子さんの卒園式が近づいてきたある日のことです。貴子さんが息せき切って、教室に入ってきました。

「先生、今度卒園式で園に送る詩を私が代表で朗読することになりました。みなさんの前で朗読ができるなんて考えたこともなかったけれど、うれしいです。

子どもが入園して時間ができたとき、私はいったい何をしたらいいのかまったくわかりませんでした。でも、この教室で朗読の面白さを教えていただきました。

先生には本当に感謝しています。これからは子どもの言葉を育てる活動をしていきたいって思っています」

そう、うれしそうに話してくれました。

私がこの教室を立ち上げて最初の生徒さんである貴子さん。ここで学んだことが幼稚園で生かされ、そして将来は「子どもたちの言葉を育てる活動」へつなげたいとは、なんて素晴らしいことでしょうか。このような活動こそ、まさに今、求められていることです。主婦であり2人のお子さんのママ、親の介護やさまざまな経験を通して得たものを生かして力強く踏み出してほしい、私は感激でいっぱいでした。

それから5年が経ちました。

「『読み聞かせを教えてほしい』と小学校のお母さんから依頼があり、講座を開きたいのですが、どういうふうにやったらいいですか？」

貴子さんから、そんな相談を受けました。子どもが卒園しても読み聞かせサークルを継続していた彼女に、「子どもに音読を教えてほしい」「読み聞かせを学びたい」という声が寄せられるようになり、継続的に読み聞かせの講座に通うママたちと、小学校低学年向けの音読サークルをスタートさせたのです。

教室の名前には、菜の花にちなんだものがつけられました。菜の花がきれいに咲く幼稚園であったことに加えて、菜の花の咲くころに進級・進学する子どもたちに、きれいな花が咲きますように……、という願いを込めた名前です。

貴子さんの話によると、朗読を学び、子どもたちに読み聞かせをしているママたちは、以前にくらべて各段に言葉に対する意識が変わり、お子さんとの関わりが豊かになってきているのだとか。これからは子どもたちが「声を出して読む」ことをもっと楽しめるよう、子どもの言葉が豊かになるよう、親子に働きかけていきたいと、キラキラとした意欲的な目で語る貴子さんは、いっそうまぶしく見えました。

子どもの入園とともになんだか気が抜けて、いったい何をしたらいいかわからなかったとき、ふと目にした朗読教室のチラシから人生が開いていきました。

チャンスはどこにあるかわかりません。自身を取りまく状況は変化しながらも、仲間たちに支えられ、貴子さんは「絵本読み聞かせインストラクター」として出発することができました。

現在は、地元で子どもたちの音読力、読解力、想像力を養うための「音読講座」を定期的に開催し、子どもたちの学力向上に貢献しています。

読み聞かせ、朗読は、彼女の可能性を大きく広げてくれました。これからもがんばってくださいね。未来を開く子どもたちのために。

このお話のプロミネンス

教室で学んだことをその場限りにしてしまわないことは、とても大切です。

朗読には、普段の言葉遣いはもちろん、職場であれば上司や部下、同僚への言葉がけ、プレゼンやスピーチ、受付のお仕事であればお客様との対応など、どのような場所にも生かせる話し方の技術が凝縮されています。

貴子さんが朗読を始めた理由は、幼稚園に通う子どもさんに上手に読み聞かせをして、お話の世界を楽しんでほしいという気持ちからでした。それから6年が経ち、わが子だけではなく、子どもたちの言語能力を高めたいという意識へと変わっていったのです。子どもたちの国語力、読解力向上のために奮闘努力する貴子さん。これからの展開がますます楽しみです。

車椅子で世界へ羽ばたく

「スカイプで朗読のレッスンはしていただけるでしょうか？」

寒さも緩んで、ようやく春の訪れを実感できるようになったころのこと、1通のメールが飛び込んできました。

遠方の方のスカイプレッスンは随時受けていますが、メールを見ると、近くのご住所。何か通えない理由でもあるのかと伺うと、数日後に次のような返信がきました。

「僕は身体的なハンディを抱えています。いくつか声優養成所に連絡をしたのですが、電動車椅子でも通えるところがなく、個人でボイストレーニングをしてもらえるところがないかと探していたときに、そちらのサイトにたどり着き、連絡をさせていただきました。専門学校で本格的に学ぶことができないのは仕方がありません。ただ、挑戦していきたいという気持ちをどうしても捨てることができずにいます」

身体にハンディを抱えていても声の仕事の可能性はあります。私に何かお手伝いできることがあるかもしれないと思い、今度はスカイプでお話を聞くことにしました。

「たいへん申し訳ありません。巣山と申します」

パソコンの画面いっぱいに映った青年の顔は、ドラマ『裸の大将放浪記』の芦屋雁之助さんをうんと若くした感じの、笑顔が魅力的なイガグリ頭の青年でした。

メールの謙虚な語り口と適切な言葉選びから、てっきり30代ぐらいかと思いきや、年齢を聞いてびっくり、21歳という若さです。

「僕は、先天性多発性関節拘縮症《こうしゅくしょう》という、1万人に3人の割合で発症するといわれる病気を持っています。この障がいは、たいていが上半身、または下半身のどちらかに屈曲が起こるのですが、私の場合は両方あり、ずっと車椅子の生活です。今は昼間は作業所でパソコンを使用した業務をしていますが、小さいころから学校以外はほとんど家にいて、ひとりでゲームをしたり、推理小説を読んだりして過ごしてきました。

小学校のときから、録画したテレビアニメのセリフを全部書き起こして、そのアニメにセリフを当てて声優になりきるのが趣味なんです。最近になって、自分はどういうふうに生きていったらいいか迷っていたとき、母が、『声を使う仕事にチャレンジしてみたら？』と背中を押してくれ、真剣にやってみようと思ったんです」

と、巣山さんはとても快活にお話しされました。

声の世界は自由です。学びに制約などありません。

「それはとてもいいことですね。でも、私は朗読の仕方や話し方をレッスンしていて、アテレコは教えていないんですよ」

そう私が言うと、巣山さんはこう言いました。

「滑舌がよくなるように指導していただけますか？　いつか好きな作家の本を読んでいけたらうれしいです」


朗読は、聴き手に向けてお話を届けることを言います。もちろんひとりで楽しむ場合は別ですが、相手の心を動かすためにはいくつかの技術も必要になります。たとえば声が小さく発音が聞き取りにくいと、聴き手はお話に入り込めず飽きてしまう結果にもつながります。舌をしっかり動かす発音トレーニングや内容にあった息継ぎ、メリハリ、抑揚、スピード、大切なところを強調する読み方や、間の取り方など、これらのテクニックを身につけていくと、読み手の感性がより深く表現でき聴き手の心を揺さぶることができるのです。

さて、声優養成所ですが、東京都内だけでも相当な数が存在します。これが全国規模になると……。声優になりたいと思う若者人口は、おそらくものすごい数でしょう。

ただ、養成所に入れたからといって必ず声優になれるわけではありません。卒業しても、そのうちの1～2割ぐらいの人しか声優事務所に所属することはできません。そうして事務所に所属できたとしても、仕事があるかというと別問題になります。これまでに、声優を夢見るも仕事がなくて辞めてしまう人を数多く見てきました。

しかし私は、優れた養成所で学ぶことにはたくさんのメリットがあると思っています。礼儀作法や言葉遣い、しきたりをはじめ、あいさつ、わかりやすい話し方など、コミュニケーションに重要なスキルをたくさん学ぶことができます。

最近では、養成所で行われる「朗読」の授業も見直されてきました。なぜならより深いセリフの表現や、言葉を伝える技術は、朗読を学ぶことで習得できるからです。朗読は、言葉の表現を磨くための一番の近道。仕事に直接結びつかなくても、先生や接客業、営業のお仕事などに十分に生かせるスキルが満載なのです。

巣山さんは、月に一度の割合でスカイプレッスンをすることになりました。

まず発声練習から始めていただいたのですが、巣山さんは、私が「こうですよ」と指摘すると、意外に感じられるのかムッとした表情をされます。

聞くと、いつも周囲から「いい声ですね」と褒められるそうで、ご自分の発声に自信を持っていらっしゃるようでした。でも、「いい声」だけではいい朗読にはなりません。前述したとおり、聞き手に届けるためには、発声や滑舌、リズム、音の高低や強弱など、まずは基礎的なところから学ばなければなりません。

巣山さんは声に自信があったこともあり、最初は私が指摘するたびに、「え、なんですか？」「ちゃんとできていると思います」と言って反発することがありました。

けれど、上達したいという熱意がプライドを上回ったのか、私の指摘を渋々実行し、発声がしやすくなったり、声がクリアになったりしていることにすぐに気づかれました。

それ以降、私の指摘を「確かにそうだな」とか「まだ直ってなかった」などと自分自身に言い聞かせるように返事をしながら実践するようになり、毎回出す課題もしっかりこなされるようになりました。そのうち私のほうが課題を出したことをうっかり忘れてしまって、画面いっぱいに巣山さんのあきれ顔が……、なんてこともありました。

そんなふうにお互いが打ち解けてきたころ、ふと私にひらめきがありました。

通常行っている土曜日クラスのレッスンに、巣山さんもスカイプで参加してもらったらどうかと思ったのです。ずっとおひとりでレッスンをしてきた巣山さんも、教室生のみんながどんな表情で、どんなふうに読み合っているのか知りたいはずです。

さっそく巣山さんに提案してみると、

「一緒にグループレッスンの体験ができるなんて夢のようだ」

と、うれしそうにおっしゃいました。

そうしてパソコンの画面を通し、巣山さんとみなさんとのごあいさつからグループレッスンが始まりました。

「巣山さん、私は久保田と申します。見えますかー?」と叫ぶ人、顔をパソコンに近づけてお話しする人もいらっしゃいます。教室生の温かさに、私は感動でいっぱいになりました。巣山さんの響きのあるお声に、みんなも驚いています。

教材を順番に読むときは、パソコンの置かれてある場所を巣山さんの席というふうに設定しました。まるでそこに巣山さんが座っているかのようです。スカイプがみなさんとの交流を可能にしてくれました。巣山さんは顔をくしゃくしゃにして笑い、これまで見たことのない本当にいい表情をされていました。

２年が過ぎ、巣山さんは、表現することの楽しさを感じられてきた様子でした。そこで私は、「次回の朗読ライブに出演してみませんか？」と彼に提案してみました。

するとう巣山さんの顔から、いつもの笑顔が消え、こう言いました。

「参加したい気持ちはやまやまだけど、車椅子では会場まで２時間以上かかり、ひとりでは行けないんです」

いろいろ聞いてみましたが、車で送ってくれる方はいないし、電車だと途中の階段や道の段差など、数えきれない障害があり、とても残念だけれど無理だということでした。

何ごとも諦めたくない私ですが、今回はさすがに無理かなと思っていたとき、巣山さんが趣味で小説を書いていたことを思い出したのです。そこで、

「発表会のことなのですが、巣山さんが書かれた短編小説をどなたかが読むという発表はいかがでしょうか？」

とお聞きしました。これなら、関わり方は違っても教室生としての一体感を感じることができるはずだと思ったのです。

巣山さんは、まるで待っていたかのように即ＯＫのお返事をくれました。そして翌日には自作の短編をメールで送ってくださったのです。

そんないきさつで、夏の朗読ライブで巣山さんの短編小説を朗読することになりました。作品名は『パンがないなら』。

話の内容は、18世紀のフランス革命で命を落とした王妃マリー・アントワネットが「パンがないならお菓子を食べればいいじゃない」と言ったとされるエピソードを題材にした短編です。この言葉は現代では史実ではなかったと判明していますが、巣山さんは、この言葉を通して王妃の慈悲深さと気高い精神を描いたのです。繊細な描写は朗読するのに美しく、巣山さんの感性の豊かさをうかがい知ることができました。

朗読ライブでは、透明感のある声を持つ飯野さんという女性に朗読していただくことになりました。当日は、この作品を読むことになった経緯を司会者にナレーションしていただき、いよいよ発表のときがやってきました。

シンと静まる客席、マリー・アントワネットを彷彿とさせるデザインの衣装をまとった飯野さんが登場しました。この日のために、わざわざ用意してくれたようです。巣山さんが会場にいないからこその飯野さんの深い心遣いが感じられました。

朗読が始まりました。

ある貴族の屋敷を王妃が訪ねるシーンです。馬車に群がる民衆に持ってきたパンをすべて与え、自身の昼食がなくなってしまった王妃は、屋敷で昼食をふるまおうとする貴族を制し、持ってきたお菓子を見せてあの言葉を語ります。

「パンがないなら、お菓子を食べればいいじゃない」

そこには、気高く、優しく、誇りを忘れず、そしてチャーミングな王妃が毅然と立っていました。まさに巣山さんの精神を物語るような内容です。

私の脳裏には、スカイプレッスンでのハンディを感じさせない巣山さんのがんばり、ユーモアあふれる会話が次々によみがえってきました。可能性を諦めない巣山さんの思いは、声に乗ってたくさんの観客へ伝わり、会場は大きな拍手に包まれました。

残念ながらその様子を巣山さんに聞いていただくことはかないませんでしたが、後日のスカイプレッスンで、飯野さんからの「読みやすく爽快さを感じた」という感想をお伝えしました。「なんだかくすぐったい気持ちです」と応えてくれた彼の表情は、一番初めに見たときと同じ、あの裸の大将にそっくりの、くしゃくしゃの笑顔でした。

それからというもの、巣山さんは朗読の練習とともに小説もどんどん書くようになりました。夢は、自作の小説を自分で朗読し、英訳して世界中の多くの方に聞いてもらうことだとおっしゃいます。そのまっすぐな姿勢は、ほかの教室生たちの刺激にもなりました。

巣山さんの諦めない心が多くの方々の勇気となって、一歩を踏み出すきっかけになってほしい。それを教えてもらえたエピソードです。

「先生、今日もスカイプつなぐの遅いでーす」

画面にはイガグリ頭の裸の大将さんが微笑んでいます。

このお話のプロミネンス

これまで私は、朗読教室に来る人々の夢を叶えるお手伝いをしてきました。巣山さんとは直接お会いしたことはありません。それでも彼とお話しするたび、以前にはなかった輝きを彼の声に感じるようになりました。声には、その日の体調や心までもが透けて見えてくることがあり、つくづく不思議に感じます。

また、障がいがあろうとなかろうと、私は自分の生徒にはときに厳しく指導してきました。障がいに屈しない強さを持つ巣山さんは、次第に朗読力が上がってきています。近いうちにいつか、お住まいの近くで発表会をやりたい。そんな思いを伝えるたびに、「そんな、いいですから」と巣山さんの謙虚な声が聞こえてくるのです。

読み聞かせをしたかった小児科医

数か月続いたセミの声がミンとも聞こえない、強い雨が降りしきる9月のある日の午後1時。

その前日、どうしても教室に参加したいという女性の方から問い合わせがあり、急きょ体験授業を受けていただくことになりました。

あいにくの雨、キャンセルされるかもしれないと思っていたそのとき、

「すみませーん」

か細い声とともにドアが開くと、そこには全身びしょ濡れの小柄な女性がカッパ姿で立っていました。しかも笑顔です。暴風雨のなかを自転車で来られたようでした。

慌ててタオルを差し出す私に、彼女はいたずらっぽい笑顔でこう言いました。

「ママチャリで来ちゃいました」

「この雨のなかを?」

「子どもの保育園のお迎えで慣れてますから。前にひとり、後ろにもひとり乗せて、雨だ

ろうが風だろうが、なんのその。あはは……」

たちまち教室の共有のコート掛けは、濡れたコートと帽子、ハンカチ、カバンの干し場と化してしまいました。

「先生、パン食べてもいいですか？」

授業の開始時間まで少しありましたので、彼女は汗を拭きながら昼食をとりはじめました。コンビニの菓子パンをほお張る彼女の周りには、不思議なオーラがひときわ漂っていました。彼女のお名前は裕美さん、テキパキした印象です。


ソフィアの森朗読塾のレッスンには、遠くは東北、静岡から通ってこられる方、御殿場から高速道路を運転して通われる方もいらっしゃいます。月に1回開催しているワークショップでは、四国から飛行機で来られる方、青森から日帰りされる方もいらっしゃいます。もちろん裕美さんのように、お近くから自転車で来る方も。

しばらくして全員がそろいました。初めて参加した裕美さんは、みなさんの前で、

「仕事を抜け出してきました。休憩は3時間あるので終わったらまた職場に戻ります」

と、超高速の早口でおっしゃいました。長いお昼休憩です。どこかのパートさん？　事

務のお仕事？　飲食関係？　などと、教室生が親しくお声をかけました。すると、

「私、小児科の医師なんです。まったくタイプじゃないんですけどね」

笑顔いっぱいに答える裕美さん。午前の診察を終えてすぐ来てくださったと思うと胸が熱くなりました。

なぜドクターが貴重なお昼休みを抜け出し、どしゃぶりの雨のなかを自転車で、しかも時間をかけてまで「朗読教室」に来てくれたのか、その理由を知りたくて、

「朗読が好きなのですか？」

と聞きました。すると、

「私は、文学は人に生きる力を与えることができると信じているんです。小さいころから人付き合いがあまり得意ではありませんでしたが、本を読むことだけは大好きでした。本を読んでいるときだけが楽しかったんです。本を読むたびに、ちっぽけな自分が広い世界とつながっている、今はつらくてもこの先にはもっと素晴らしい未来があるって夢を描くことができたんです」

内に秘めた熱い気持ちを話される裕美さん。その思いとはうらはらに、アニメのキャラクターのようなかわいらしい声をしています。

「小学校時代は、この声でからかわれることが多かったんです。舌足らずなこともあって、それをよく男の子たちにマネされました。その分、勉強はがんばりましたけど」

笑いながら話す姿はまるで女子高生のようです。

その日のレッスンの題材は、中勘助の『銀の匙』でした。教室生は声を出して順番に、少しずつ読みはじめました。

「やっぱり私、朗読が好きです。このお話、なんだか私と重なりました。私が今一番やりたいことは朗読かもしれません。医者の仕事はどうしようかな」

と裕美さんが言うのを聞いた私は、

「仕事は辞めないでください！　朗読だけでは生活できませんから」

そう叫びそうになりました。

裕美さんが勤務する病院は、難病を抱えた子どもたちの治療に当たる専門病院で、緊急性の高い子どもや、長期に渡る治療を余儀なくされている子どもたちが入院しています。全国各地から何時間もかけて、わらにもすがる思いでやって来る子どもたちの治療に日々当たっていました。

「昨年、うちの子が通う小学校で読み聞かせの機会がありました。そこで、あらためて読み聞かせの魅力を感じたんです。きちんと勉強をしたいと思いました。私は毎日、難病と闘う子どもたちを診ていますが、語りかけを工夫すると子どもたちが笑顔になるんです。私は朗読を学んで、子どもたちに真に生きる力を伝えていきたいと思っているんです」

担当したお子さんが元気になって普通の生活に戻れるのを見るたびに大きな喜びに包まれてきた一方で、苦しい現実を見届けなくてはならない現場も多く経験してきたと話す裕美さん。その話の内容に心を打たれ、教室内はシーンと静まり返りました。

そうして裕美さんは、病院の休診日にレッスンを受けることになりました。

日ごろからコーチングや心理学の勉強もされており、子どもの病気に関する講演会で話すことも多いとのこと。滑舌をよくし、わかりやすい発音・発声で、大勢の人の前で自信を持って堂々と話せる力を身につけたいともおっしゃいました。

「朗読を練習すれば、大勢の方の前で話す技術が磨かれます。その日に集まられた方々の年齢層や客層を見て、話すスピードや、間、聞き手への視線の投げ方、話し方を変えられるようになるといいですね。裕美さんはきっと今に引っ張りだこになりますよ。相談があったらいつでも力になりますから、なんでも言ってきてくださいね」

そうお伝えすると、裕美さんはうれしそうににっこりとしました。


9月の朗読ライブに向け、裕美さんは、あまんきみこ作『ぽんぽん山の月』を読みたいとおっしゃいました。子うさぎとやまんばの悲しくも優しさに包まれたお話です。

「裕美さんの独特な声質は、子うさぎたちの思いを表現するのにぴったりです。ただ、悲しいお話は、読み手の感情が先に立ってしまうと聞いてくださる方々の想像力を削いでしまいます。登場するうさぎたちややまんばを、読み手が受け止めて読んでみましょう」

最初から寂しさを含めた声で読んでしまうと、聞き手は「これは悲しいお話」ととらえてしまい、物語の展開を楽しむことができなくなってしまいます。これから何が起こるかわからない期待感をもたせていくのが朗読する側に求められることなのです。

練習が始まりました。

「裕美さん、初めて来てくれたとき、子どもたちが笑顔になる朗読をしたい、子どもたちに真に生きる力を伝えていきたいとおっしゃいましたよね。

このお話は、親がいなくなったことを知らない子うさぎたちに、この先も力強く生きてほしいという願いが込められています。生き生きと朗読されたら、きっと聞き手の心に届いていくと思います。声質にとらわれないでください」

ライブの当日、裕美さんはこみ上げてくる感情を抑え、小さいながらも強いメッセージを、見えない誰かに届けているような朗読をしてくださいました。裕美さんが気にしているアニメのキャラクターのような声はまったく気にならなくなっていました。

教室生からも「いつもの裕美さんの声と違って、大人っぽい声に聞こえた」「よかった。心がほっこりした」などと声があがりました。

「ゆき子先生、朗読って、作品をどう読むかが大事なんですね。私は今まで、自分の声の特徴をどう隠そうかとばかり考えていました。でも、一生懸命に作品の内容を伝えたい、表現したいと思うと、声質なんて超越できるんですね」

そう話してくれた裕美さんの表情は、まるで十五夜の月のように輝いていました。

それから半年ほど経ったころ、裕美さんから「病院に来ていただけませんか?」と連絡があり、連休中を選んで行ってみることにしました。

清潔感のある広い病院は、休日のためにシーンとしていました。出迎えてくれた裕美さんは慣れた様子でささっと院内を案内してくれました。ときおり面会に来られた家族の方たちが、たくさんの荷物を抱えて足早に過ぎていきます。裕美さんは、すれ違うドクターや関係者と親しげにあいさつを交わしていました。

「裕美さんは、お医者さんだったんだわね」

「そうは見えないですからねー」

私たちはそう言って、お互いに笑い合いました。

しばらく行くと裕美さんは、2階の吹き抜けの手すりの前で立ち止まりました。

「このホールで、クリスマスやお正月などの季節ごとに歌や演奏が行われるんですよ」

2階から見下ろすエントランスホールには、ステージになるような広いスペースがありました。ここで、外来の方も、長期で入院している子どもたちにも楽しんでもらうイベントが行われていたことを初めて知りました。

病院の配慮はそこだけにとどまらず、子どもたちが喜ぶキャラクターが描かれた休憩場所、お店、読書の部屋、トイレに至るまで随所にあふれていました。

「病院って、よく3分診療って言われますよね。遠くからやっとの思いで病院まで来ても、ほんの短い時間で診療が終わってしまう。私、子どもたちの顔を見るたび、これで帰らせるのはかわいそうだといつも思ってしまうんです。ここで何か読み聞かせや朗読のイベントができないでしょうか？　私、医者だからこそ、子どもたちの前で演じたい。これはずっと前から思い描いていたことなんです」

裕美さんの突然の発案にびっくりしましたが、私はこう言いました。

「素敵ですね、子どもたちが笑顔になるようなものを一緒に考えましょう。教室生の方にも手伝っていただきましょうか」

「ぜひ、お願いします!!」

裕美さんは、とてもうれしそうな笑顔になりました。

それから3年が経った現在、裕美さんは開業医となり、クリニックの2階には念願のイベントスペースを作ることができました。診察に来た子どもたちが笑顔になれるような読み聞かせの企画を立てたり、お母さんたち向けに、「ママたちのビーズアクセサリーを作ろう」「子どもの栄養を考える」などといった講座を開いたりして、子どもも親も気軽に立ち寄れる町のお医者さんを目指しています。裕美さんの長年の夢が叶ったのです。

「ゆき子先生の朗読劇は、いつやってくれるんですかー？」

裕美さん、遅くなってしまってごめんなさい。『おおきなかぶ』がいいかしら？『三びきのやぎのがらがらどん』がいい？でもやっぱり、裕美さんの『ぽんぽん山の月』を、お願いしていいですか。

このお話のプロミネンス

現在、裕美さんのクリニックでは、定期的に朗読のイベントが行われています。読み聞かせをするときの裕美さんの表情は、まるで原っぱをかける子どものように生き生きとして、喜びがあふれています。そして、それを聞く子どもたちの表情も目がキラキラと輝き、好奇心いっぱいです。彼女の「この本を子どもたちに読んであげたい」「この作品の内容を表現したい」という熱い思いが、子どもたちの心に届くのだと深く感じました。

絵本の読み聞かせは、うまく読もうとか、学びの押しつけではありません。大人自身が思いっきり楽しんで読むことこそ、聞き手に伝わるのだということを教えられました。私がずっと探していたものが見つけられたような、爽快なエピソードでした。

本文中に登場した作品

・重松清作『カレーライス』

小学校教科書のための書き下ろし作品。お子さんの教科書を朗読するのが趣味という生徒さんが、朗読ライブでぜひ発表したいと持ってこられたものでした。

父親が、ゲームのやりすぎといって、いきなりコードを抜いてしまう。それに腹を立てた「僕」の一人称の語りを通して、父に対する心の葛藤が描かれています。男の子とお父さんの会話が続く作品を女性が朗読する場合は、あまり声を作りすぎず、表現も抑え気味にしながら、ひたすら淡々と「僕」を語っていく読み方がお勧めです。

僕とお父さんで作った仲直りのカレーライスは、いったいどんな味がしたのでしょうか。

・中勘助作『銀の匙』

自叙伝であるこの作品は、起承転結としてはあまり手応えが感じられないため、読みかけても途中で飽きてしまいかねません。ではそんな作品をなぜ教材に選んでいるかというと、朗読をすることで、中勘助の優れた感性がまるで飛び出す絵本のようにありありと浮かびあがり、心にすっと染み込んでいくのがわかるからです。

限りなく美しい言葉とガラス細工のような繊細な描写で綴る思い出を読み手の体験に重ね合わせ、自由に想像をふくらませた表現ができるようになってほしいと願っています。

・あまんきみこ作『ぽんぽん山の月』

タイトルだけ聞くとたぬきの昔話かと思いますが、お母さんうさぎが猟師に撃たれてしまったことを知らず、健気にお母さんの帰りを待つ子うさぎたちの悲しさが胸に迫る作品です。最後は読み手を温かい気持ちにさせてくれます。

切ないお話だからといって、読み手の感情をそのまま押しつけるような表現で読んでしまうと、聞き手の想像の邪魔をしてしまいます。読み手のインパクトが強すぎるあまり、話の内容が入ってこないということもあります。

感性は十人十色。相手の想像力を広げられる余白を十分にとる意識でお話を届けてください。

読み手は、あくまで「聞き手のイメージを広げるお手伝い」をする。朗読者はここをしっかりと心がけていただきたいものです。

その他のお勧め作品

・宮沢賢治作『祭りの晩』

生前は未発表だった短編童話作品。表題は賢治の死後につけられました。亮二少年と正直な山男との交流を描いた心温まる作品です。

賢治の作品はどれも、人と自然、人と生き物たち、人と神秘的なものとの「距離」そして「共存」を、彼の思いとして、また、夢を突き刺すようなメッセージとして投げかけてきます。それらは、すんなりと共感できるものもある反面、何度読んでも意味がわからない側面もあります。でも、すべて賢治の頭の中のものですから、全部わかってしまわなくてもいいのかもしれません。

この作品を声に出して表現していくと、音や、匂い、また登場人物の生き様までもがまぶたに浮かび、あたかも自分がその場にいるかのような錯覚に陥って、ぐいぐい引き込まれていきます。前半部分に描かれるにぎやかな祭りの様子や、見世物小屋のうさんくささ、怒号の騒々しさ。そして、それとは反対に後半部分の里の風景、おじいさんの深い愛情、少年が山男に馳せる思いが、ぼんやりとした青い月に照らされて読み手の心にグッと近づいてきます。賢治の思いがしっとりと心に伝わる素晴らしい作品です。

発表会を成功させるコツ

発表会は、誰もが舞台の上で主役となって自己肯定感を高められる貴重な機会。ほかの方の発表を聞いたり、力をつけてあの作品に自分も挑戦したいという新たな目標を見つけたりできるほか、仲間との連帯感や絆、自信や達成感を得ることもできます。

ここで、発表会を成功させるコツをあげてみます。

1. 朗読する本は自然体で決める

感動した作品と出会えたなら、まず身近な方に聞いてもらって意見を聞くのがいいと思います。登場する人物が多すぎないことも大事な要素です。

2. 観客を意識しすぎない

観客はお話全体を受け止める姿勢で聞きにこられているので、多少の読み間違いは大丈夫。ミスにとらわれず、堂々と「お話を届ける気持ち」で朗読することが大切です。

3. 作品によって、立つか座るか考える

作品によって椅子の使用の有無を決めます。ピンマイクを使って朗読の途中で立ち上がる演出もありです。スタンドマイクの場合は位置を固定しなければなりません。講師や仲間から助言をもらいましょう。

4. 衣装に注意を払う

衣装にも心配りが必要です。以前ある朗読会で、「洋服は素敵だったが、話の内容より靴の傷みが気になってしまった……」という感想を聞きました。舞台に立つと、細かい部分も目立つものです。細心の注意を払いましょう。

5. お客様（観客）を呼ぶ

ご家族や友人に内緒で発表会に出られる方もいますが、出演者はお客様（観客）を呼ぶことを心がけましょう。とくに家族の意見は遠慮がないので次回へのやる気につながります。あなたのがんばる姿を家族や友人に見せてあげてください。

第六章

生きる

「本当の自分」ってなに？

その日のナレーションの収録は、銀座のスタジオで行われることになっていました。中に入ると、金色のマッシュルームカットの男の子がニコニコしながら立っています。まるで韓流アイドルのような顔立ちとスタイル。誰かしら？　と見ていると、「あっ、こちらが、今日斉藤さんと一緒にナレーションをする前田頼隆さんです」とディレクターさんから紹介されました。

「初めまして、頼隆です。今日はよろしくお願いしまーす」

笑顔いっぱい、2オクターブ高い声がスタジオ中に響き渡りました。

収録は順番にすることになりました。私が収録を終えると、待ち構えたように、

「わあ～、お声がすっごーい素敵！」

興奮気味に両手をいっぱいに広げて、初対面の私に抱きついてきそうな勢い。まったく嫌味のない人懐っこいキャラクターに、思わず私も笑顔になってしまいました。

頼隆さんは、東京で生まれ育ち、高校を卒業したのち声優を目指すようになりました。

養成所時代にモデルとして活躍していたこともあったのですが、声優のオーディションにはなかなか受からず、アルバイト生活に明け暮れていたのです。しかも、所属事務所が突然閉鎖し、今後どうしていいかわからないと悩んでいたようでした。

収録の空き時間にはすっかり打ち解けた私たちが、ナレーションのむずかしさなどを語り合ううち、私の口から、こんな言葉が出ていました。

「都内で朗読教室もしているんですけど、今度遊びに来ませんか？」

「じつは養成所時代に朗読の授業で『蜘蛛の糸』を読んでいたとき『もっと蓮の花のかぐわしい香りを感じて読みなさい』とか、『天国はそんなものじゃないでしょ』とか先生に言われて、表現すれば否定される繰り返し。朗読って苦手……、なんです」

養成所の朗読の授業は、講師がただ怒鳴りまくるレッスンだったようでした。

「私のところではそんなことはないですよ。そうそう、もうじき朗読ライブがあるのだけれど出てみませんか？」

「えっ、いきなり出てもいいのですか？」

「それまで練習はしていただきますけれど」

「もちろんお稽古します。わぁ。なんだかワクワクしてきました。うれしい！」

こうして、彼は私の教室に来ることになりました。

声優業界において第一線で活躍できる人はほんのひと握り。競争率の高い世界で仕事を得ていくためには、声はもちろんのこと、表現力、読解力、適応力、またナレーションにおいても高い朗読力がないとむずかしい世界です。それでも夢を諦めずに孤独に打ち勝ってがんばっている方に会うたび、私は「朗読の舞台に一緒に立ってみませんか？」と、お誘いしてしまいます。それは、私がナレーターとして、朗読力はあらゆる声の仕事に直結していることに気がついたからでした。

そして、教室を起点にして、年齢も性別も職業も違う人たちと家族のように絆を深め、気負わず楽しく朗読を練習しながら定期的に発表会の舞台に立つという目標を持つことで、夢を追い続けるモチベーションも保てるのではないかと思うからです。

ナレーターとしてお仕事をいただく側の私が教室を主宰するのは、すべてが手探りの連続です。初めは「朗読」という既成の概念のようなものに縛られていました。「朗読＝静かに読む」というスタイルに面白みを感じていなかった私は、教室を待ち遠しく感じるような独自のカリキュラム作りに挑戦することにしたのです。

かつてお笑いの芸人さんと数多く仕事をして学ばせていただいたこと、社員教育のときに作成したプログラム、さらにコーチングの指導法も取り入れ、教材には普段本を読まない人でも抵抗なくすっと入っていけそうなものを集めました。数か月かけて完成したカリキュラムに沿って、自信を持ってレッスンをスタートさせました。すると、教室に来た人が世代を超えたコミュニケーションのなかでどんどん元気を取り戻し、キラキラ輝いていくのがわかったのです。とくに教室生同士が互いに相手のいいところを見つけ、認め合うことの重要性を身にしみて感じました。

相手を褒め、相手からも褒められる。人の温かさに触れる……。この繰り返しで教室に通う生徒さんたちが次第にポジティブになっていく様子を見て、あらためて朗読にはすごい力があると確信したのです。だからこそ道を見失いそうな若い方にも教室に来てステージに立ってもらい、自分の魅力や才能を見いだしてほしいと思いました。

いよいよ頼隆さんがレッスンに来る日がやって来ました。

「ごめんなさーい。道に迷っちゃってー」

頼隆さんは、初めて会ったときと同じ笑顔で、両手を広げて教室に飛び込んできました。

その日、彼が持ってきた作品は宮沢賢治の『よだかの星』でした。

このお話は、賢治作品のなかでも人々に朗読されることが多く、絵本にもなっています。よだかは醜い鳥としてほかの鳥から悪口を言われ、鷹からは改名を迫られます。生きることに対する罪悪を感じたよだかは、ついに星になることを目指す……、という悲しいお話です。

頼隆さんは、こう言いました。

「よだかと私の名前の『よりたか』ってそっくりでしょう？　主人公の思いも私に似ているの。20歳のときに読んで以来ずっと好きで、これをライブで読みたいと思って」

さっそく朗読していただきました。

ところが、優しく穏やかな外見の印象とは違い、意外にも早口で間を取ることもなく、メリハリも感情も感じられません。朗読とは、感情をいっさい入れずに淡々と読むものと決めてかかっているようでした。養成所ではそう教えられてきたと言います。

「『感情を入れずに淡々と読みなさい』といくら言われたとしても、棒読みしなさいという意味ではないはず。自分なりの解釈で勝手に演出しないということだと思います。作者の意図をどのように声で表現するか、自分で考えなくてはなりません。それがなければ聞き手を感動させることなどできないと思いますよ」

頼隆さんは、たちまちシュンとした表情になりました。

「私、意識的に感情を抑えないと過剰に表現を作り込んでしまう癖があるの。ここで斉藤さんにまで指摘されたら心がダメになってしまいそうで、だから今日はわざと、感情が出ないようにサラっと読みました」

それを聞いた私は、

「じゃあ一度、頼隆さんが感じるそのままを思い切ってライブで発表してみたらどう？私のお教室では自由ですよ。やってみましょうか」

頼隆さんは、にっこりとうなずかれました。


「これから朗読を始めたい」とおっしゃる方には、文章をとうとうと読みさえすれば聞き手は理解してくれると思われている方が少なくありません。なかには、自分が気持ちよく読めて満足できればそれでいいのでは？　ととらえて教室に来る方もいらっしゃいます。

しかし、朗読は聞き手に意識を向けることも大切で、一方的にならないように常に心を配らなければなりません。また、朗読が初めての方ほど、むずかしい作品を読みたがる傾向があります。これは教室生から聞いたのですが、「これを読んでいる自分ってかっこいい」と思ってもらいたいのだとか。でも、ありきたりに思える作品でも、読み手によってはまったく違う作品に感じられるものもあります。

「相手に伝わるように読む」。これこそが朗読の極みではないかと思うのです。

さて、いよいよ朗読ライブの日になりました。

頼隆さんは個人レッスンだったので、教室のほかのメンバーとは初対面です。私が彼を教室生に紹介するや否や、すらっと背が高くきゃしゃなスタイルと、美しくて柔和な顔立ちに女性のメンバーたちは興味津々。どのように『よだかの星』を朗読するのか、周りのみんなも期待でいっぱいです。

そうして彼の出番がやってきました。スポットライトが静かに当たり、

「よだかはじつに醜い鳥です……」

朗読が始まると、会場内はいっせいに彼を見つめました。会場内に、頼隆さんの繊細な表情と力強い低音の声が広がりました。

物語の中盤になるにつれ、彼の顔からはいつもの柔和な表情が影を潜め、引きつった表

情へと豹変しました。あれっ？　どうしたのだろう？　誰もが目を見張りました。

彼は怒りの感情をいっぱいにセリフにぶつけていました。舞台の床を足でドンドンと踏み鳴らし、これまでの柔らかな物腰や雰囲気とはまるで反対の表情です。

彼のあまりの激しさに、会場内は度肝を抜かれて呆然とし、シーンと静まりかえってしまいました。恐怖を感じさせるほどのその迫力に、誰もが彼の中に起きている変化を理解できませんでした。その様子は、後日、教室生から「あのときの頼隆さん、『かわいい人』から、いきなり『おっかないオヤジ』になってしまい、腰を抜かしそうだった」と言われるほどの迫力だったのです。

出番が終了するなり、小走りで両手を振りながら私の元に駆け寄ってきたのは、

「センセー、ごめんなさーい。私、勢いで読んでしまいました」

と、いつもと変わらない甲高い声で、明るい表情の頼隆さんです。

「頼隆さんのあんな表情を見たことはなかったし、予定になかったからびっくりしてしまいましたよ」

私が冷静にそう言うと、彼は申し訳なさそうに、

「父親に対してのこれまでの怒りがこみあげてきてしまいました。

小さいころから、私の心はこんなものではありませんでした。子どもの心を死まで追いつめた恐怖を知ってほしかったんです。でも、先生、本当にごめんなさい。驚かせてしまって」

確かに心臓がばくばく震えるくらい驚きました。しかし、朗読を終えた彼は何かスッキリしている表情です。頼隆さんはこうも続けました。

「物心ついたころから、父親はいつも私を追い詰めました。私は父親の理想の子ではなかったみたいで、外で思い通りにならないことがあると、何かにつけ殴るのです。『どうしておまえは男の子らしく外でサッカーや野球をしないのか』って。私は家で静かにお菓子を作ることのほうがしっくりくるのに。家でも外でもそれがまったく理解されず、長い間、悩み続けてきたんです。

『男らしさ』って言うけれど、『らしさ』っていったいどういうことなのでしょうか。家族や友人、先生からも『もっと男らしくしろ』って言われたの。誰も私の気持ちをわかってくれなかった。だから誰にも頼れなかったし、誰も信じられなかったんです。自分の心をどう支えていけばいいのかがわからなくなることもありました。生きていくのがつらくて、小学校の低学年のとき、『死にたい』って思ったこともあります。

だけど、声優や役者の世界があることを知ったとき、『私のやりたいことはこれだ』って思ったんです。芝居ならまったくの別人を演じられる！　これが私自身を癒やしてくれるかもしれないと思ったの。

少しずつでもいいから、自分の道を見いだしたい……。そう覚悟して養成所で何年も学んできました。でも、所属できた事務所もダメになってしまって……、そんなときに先生に会えたんです」

私はしばらくの間、言葉が見つかりませんでした。

「頼隆さんには、誰にも真似できない個性があると思う。これまで経験してきたことは、きっと将来に生かされると思うよ」

「そう言っていただけてうれしいです」

その後、何を話したか覚えていませんが、彼の目は確かに輝いていました。

朗読ライブから1年半が経ったころ。年に一度開催される「福祉まつり」の季節がきました。総合ステージの司会は、毎年私がボランティアで担当しています。その年は、子ども向けの催しものステージに私の朗読教室が参加できることになりました。メンバーを慕ったところ、頼隆さんも参加することになりました。

出演者は6人。演目は、『三びきのやぎのがらがらどん』『おじさんのかさ』『おおきなかぶ』の3つに決まりました。『三びきのやぎのがらがらどん』は、絵本でも十分楽しめますが、小さい子どもたちにも届けられるよう、エプロンシアターにすることに決まりました。エプロンシアターとは、読み手が色とりどりのポケットを縫い付けたエプロンをかけて、それをシアターに見立ててお話を繰り広げるものです。ポケットから物語に登場するぬいぐるみが飛び出したり、ポケットにすっと隠れたり。絵本や紙芝居とはひと味違った、小さい子どもたちの心をワクワクドキドキさせられる人気の演出法です。ほかの作品は、朗読劇で演じることに決まりました。

福祉まつり当日、当初の予定の2倍にもなる60人近い親子のみなさんが会場にひしめき合いました。笑顔全開の頼隆さんは小さい子どもたちから慕われ、とてもうれしそうです。その表情からは、ようやく安心できる場所に出会えたという思いが伝わってきました。

「どうすれば相手が楽しいって思うかを考えると、『自分』がなくなって心地いいです」

「もう誰にも頼れなかったし、人なんて誰も信じられない」と言っていたころにくらべて、頼隆さんは素直に気持ちを見せてくれるようになっていました。それからは老人施設の訪問にも積極的に参加するようになったのです。

「じつはね、誰にもわかってもらえなくて苦しく悲しんでいた私をいつもかばって、かわいがってくれたのは、亡くなったおばあちゃんだったの……。

今日、車椅子のおばあちゃんから『すごく楽しかった』って褒めてもらえたのは、おばあちゃんに言ってもらえたように聞こえて、本当にうれしかった。

それにね、そのおばあちゃん、私を見透かすかのように、『あなた、どんなことがあっても、がんばって生きるのよ』って言ってくれたんです」

「もしかすると亡くなったおばあちゃんがそう言ってくれたのかもしれないね」

施設からの帰りの車の中で話してくれた頼隆さんの言葉を聞き、私は胸に熱いものがこみ上げていました。

それから3年が経ちました。レッスンを重ねてきた頼隆さんは、どのような作品も、冷静に朗読ができるように変わっていました。

教室の11回目となるライブでは、久しぶりにひとり読みをすることになり、作品は『幸福な王子』に決まりました。誰もがあこがれる美しい銅像の王子が、自分のすべてをツバメに託し、町中に見える貧しい人へ捧げ尽くすというお話です。

頼隆さんは、朗読や老人施設へのボランティアの経験を通して、自分のためではなく、人の喜びのために何かをすること、人の気持ちをくみ取ることの大切さをつかんだのです。そして、それまでのいろいろな体験や感情が彼の朗読に厚みをもたらし、いつしか聞き手の心を揺さぶるようになっていました。


「先生、また、立て続けにオーディション落ちちゃった。

でも私には朗読があり、素敵な仲間たちがいる。そう思うと落ち込まずに力がみなぎってくるんです。それに、少し人が好きになれたし、信じられるようになれたかも。

それから先生、お願いがあるの。私にもう一度、『よだかの星』をリベンジさせてください。もう前とは違う〝よだか〟が読めそうだから」

「もちろんいいですよ。だけど、もう突然足を踏み鳴らすのはやめてね」

「いやだわ。お恥ずかしいー」

口を両手で隠しながら笑う頼隆さんとみんなの明るい笑顔が教室に広がりました。

頼隆さん、もう後ろを振り向かずにそのまま進んでいってね。これからも、ずっと。

このお話のプロミネンス

人は、それぞれ口には出さなくても喜びや悩み、苦しみを背負って生きています。

そのさまざまな体験は、声にあらわれ、細かい表現に生かされ、その人しか持ち得ない「個性」となって人々の心を打つと感じます。頼隆さんの繊細な声と表現には彼の生き方が感じられ、聞く人の意識を一点に集中させる不思議な力がありました。

私は、プロを目指す方だけでなく「趣味がない」とか「毎日が退屈」という方にも「朗読をやってみない？」と声をおかけしています。文学に綴られた言葉は聞き手の心だけでなく、読み手に喜びをもたらし、ときに悲しみを流してくれたり、普段気づけない身近なものへの感謝をもたらしてくれたりするからです。

大好きな、そして大切にしてきた作品を声にして届ける。これほど心を癒やす特効薬はないかもしれません。

人生の大先輩へのリスペクト

朗読教室を主宰して4年目に入ったころのことです。

朗読ライブや発表会に出演を重ねてきたおかげで、メンバーのなかから住まいの地域で朗読や読み聞かせのボランティアを始める方が、ひとりまたひとりと増えてきていました。

恵美さんは教室のムードメーカー的存在のひとり。何ごとにも意欲的な彼女は、最近では文学作品だけではなく、落語や将棋の解説を朗読にしてみたり、いろいろな工夫をしたりして、クラスのみなさんの目を丸くさせていました。

その日の彼女は、教室に入ってこられるなり少々興奮気味でした。

早朝、お父様をデイサービスへ送ったときの見送りのごあいさつで、「今日は朗読のお勉強をしてきまーす」と言ったら、日ごろお世話になっている施設長さんから、「ぜひ朗読ボランティアとしてうちに来てほしい」と声をかけられたというのです。

私に、「何を読んだらいいですか?」と真剣な眼差しを向けてきます。

「大丈夫。聞き手に寄り添い、読み手が楽しめるものであればなんでもいいですよ。でも、落語と将棋はもう少し後にしましょうね」

そう私が言うと、恵美さんは「楽しみが増えました」とうれしそうに言いました。

教室に初めて来られた方には、「今後目指したいものはなんですか?」と質問するようにしています。すると約半数以上の方が、朗読や読み聞かせ、紙芝居などのボランティアをしたいと答えられます。ところがほとんどの方が、「やりたいけれどきっかけがない」「どうしたらいいのかわからずにずっと過ごしてきた」とおっしゃるのです。

2017年の厚生労働省の発表によると、全国でのボランティア活動人数は707万人、グループ数は19万4千に及びます。その活動内容は、災害時の救援、手話、点訳、音訳など多種多様です。しかし、手芸、ダンスなどのボランティア活動をする人たちの数は調査・研究報告に記載されていますが、朗読や読み聞かせは記載すらありません。全国的にまだ少ないジャンルだということでしょうが、活動を希望する人は多いと感じてきました。

もし、私たち朗読を学ぶ人たちのボランティア活動が、施設のレクリエーションの一翼を担うことができたなら、私たちも普段の練習に力が入り、施設利用者さんたちも生活にメリハリが生まれ、健康になられる方も多くいらっしゃるでしょう。

社会に貢献・参加したいという意欲は、地域とのつながり作りにも結びつきます。しかし、施設のほうからボランティアの依頼を受けることは、なかなかありません。

ボランティアに行く日程が決まると、施設を利用されている方の年齢や雰囲気に合わせて、どなたでも喜んでいただけるようにプログラムを作成します。

一般的には、紙芝居、歌、手遊び、そして昔話という構成で、聞き手を飽きさせない参加型のプログラムを作ります。

「教室生の何人かに応援していただきましょうか？」

と聞くと、恵美さんは、

「私、ひとりで夏目漱石の『坊っちゃん』を読みたいんです」

ときっぱり答えました。

朗読ライブでも、カフェライブでも、「緊張はしても、あがったことがない」と普段から自信を持っている恵美さんらしい挑戦です。

でも、『坊っちゃん』のような長編作品を、いったいどのように表現するのでしょう。たとえ実力が備わった恵美さんであっても、集中して聞き続けていただけるのでしょうか。

そんな私の心配もものともせず、恵美さんは、

「先生、ぜひ聞きに来てくださいねー」

自信たっぷりに、そうおっしゃいました。

ボランティアの当日は、秋風が心地のいい昼下がりでした。

利用者さんたちに夏目漱石の朗読を受け入れてもらえるのか、私は正直不安でした。漱石の作品は長編のものが多く、プロの朗読会でも読む方が少ないのです。

施設に入ると、ホール内には10名ほどの方が集まっていました。不安そうな表情で施設スタッフさんの手を握って離さないおばあさん、ぬいぐるみを抱き、声を張り上げて部屋の外に連れ出されている女性……。

私のほうが少々戸惑っていると、

「いつでも始めてくださいね」

元気な声で、そう施設の方がおっしゃいました。その声に促されて恵美さんが、

「こんにちは。今日はみなさんに『坊っちゃん』を読みます」

と宣言しました。

シーン……。

するとそのなかのおひとりが、小さな声でこう言いました。

「ぼっ……ちゃん？」

これまで、ボランティアで文学作品を読む人などいなかったのです。

一生懸命、恵美さんは読んでいます。それに対して、退屈になってまぶたが落ちそうになっている方、お風呂に行ってしまわれる方、おしゃべりを始める方もちらほら見受けられました。ホール内を見渡すと、聞いている方がいらっしゃいません。始まりの時間が昼食後の13時からだったということもあり、それは仕方のないことでした。

帰りぎわの恵美さんは、「先生、次回はやっぱりほかのものを読みます」と弱音を吐くだろうと思っていたのですが、凜とした表情で言いきりました。

「私、来月も『坊っちゃん』でいきます」

そうして翌月、恵美さんは座る位置を変えました。利用者さんにもっとも近いところに椅子を置いたのです。そして、『坊っちゃん』を読む前に、笑顔になる体操や、入居者さんの興味のありそうな昭和時代に関する新聞記事のスクラップを朗読しはじめました。

その新聞記事は、サーカスの話題でした。すると入居者のおひとりが、いきなり堰を切ったように若いころの活躍されたお話を始めました。

「わしは昔、サーカスでライオンを担当したことがあるんだ」

恵美さんは大きく拍手をして、丁寧にその方のお話を聞きました。それからしばらく、そのお話で盛り上がりました。入居者さんと恵美さんの距離が、ぐんと縮まった感じです。

そしていよいよ『坊っちゃん』の朗読の時間となりました。

ところが、朗読が始まってみると、途端に立ち上がって帰ってしまう人、寝てしまわれる人もいました。

でも、そのなかのおひとりが、

「私は松山市の出身なんだよ。懐かしいなあ」

と言いながら、恵美さんの朗読を目を細くして聞いてくださっていました。

その後も恵美さんは、どうしたら聞いてもらえるのだろうかと、努力と工夫をされている様子が伝わってきました。

ある日のことです。

「先生、おみやげでーす」

教室に入ってきた恵美さんが小さな包みを持ってきて言いました。見ると、ピンクと白と抹茶色の小さいお団子がかわいく串に刺さっている「坊っちゃん団子」です。恵美さんはとうとう四国・松山まで出かけて行ったのでした。坊っちゃん列車にも乗って、松山の空気と漱石をたっぷり感じることができたとのこと。

それ以降、恵美さんは、いろいろな工夫を加えて『坊っちゃん』を読むようになったのです。なんといっても彼女の読みには、優しさが漂います。

物語全般をゆっくりとしたスピードで読むのはもちろん、楽しい解説や状況説明をひと言加えてわかりやすくしたり、表情や表現を必要以上に豊かにしたり。

そんな努力が功を奏したのでしょうか。次第に恵美さんは、木造校舎の中で生徒の指導に奮闘する「坊っちゃん」先生や、「赤シャツ」「山嵐」など、個性豊かな登場人物たちの表情や思惑までも生き生きと読めるようになっていました。田舎町の中学校が目の前に浮かび上がってきます。やがて利用者さんは、恵美さんの顔をニコニコ見つめながら『坊っちゃん』に耳を傾けるようになっていました。


恵美さんが朗読のボランティアとしてその施設を訪れてから半年が経ったときのこと。

いつも通り恵美さんが、

「みなさーん、では今月も……」

と言うと、すかさず、

「坊っちゃんだ、坊っちゃんだ」

と、大きく手を振り上げる初老の男性があらわれました。

「恵美さんだー」

と名前を呼んでくれる80歳くらいの男性もいらっしゃいます。やっと恵美さんと『坊っちゃん』はみんなに受け入れていただけたのです。

恵美さんが紙芝居や童話ではなく、夏目漱石にこだわった理由。それは、「人生の大先輩である利用者さんに、最高の文学作品を届けたい」というリスペクトからでした。

初めのうちこそ聞いてくださらない空気が漂っていましたが、いまでは恵美さんの名前も覚えてくださり、心待ちにしてくれる人まで出てくるなんて思いもよりませんでした。

施設のスタッフさんからも、「一番わかりにくい話を一番面白おかしく読んでくれる人」ということで人気者になっているようです。

そうして月日は流れ、3年が経ちました。

「先生、毎月読んできた『坊っちゃん』ですが、すべて読みおえることができました。本音を言うと、途中、『坊っちゃん』を読むのをやめようと思うこともありました。でも利用者さんたちがずっと聴いてくださったことがうれしくて、今日まで頑張ってこれたんです。そしてもう一つ、もっとうれしいことがありました。

若いころから肉体を使う仕事に明け暮れ、本なんて読んだことがなかったという利用者さんが、涙を流しながら、両手で私の手を包み込むように握って、『人生で初めて一冊の本を読みきることができたよ。ありがとう！』と言ってくれたんです。その方は、私の最後の『坊っちゃん』を聴いてくれた後、病気のためにその施設を離れてしまいましたが。

この経験で、本当に多くのことを学びました。私にとって施設のみなさんは、大きく成長させてくれた先生だと、今あらためて思います」

こう語った恵美さん。その表情は、これまでの自信に満ちあふれたものではなく、どことなく照れくさそうで、謙虚さが漂っていました。

恵美さんの読む『坊っちゃん』は、温かい笑いとともに最後までみなさんの心に届けることができました。工夫と努力を重ねてきた恵美さんの評判は次第にほかの施設へも届き、「ぜひ夏目漱石をうちでも読んでください」というリクエストがいくつも舞い込むようになったそうです。

恵美さんは言います。

「『坊っちゃん』が終わったら『「昭和五十四年将棋名人戦観戦」中原、「名人位」を防衛す』を読もうと思いますが、どうでしょうか？」

恵美さん、飽くなき挑戦もいいですが、たまには懐かしい昔話も読んでみませんか？

このお話のプロミネンス

何かを始めるとき、最初から守りの体制で臨むのではなく、一度チャレンジしてみる。そして、失敗ならばやり方を工夫して変えていこうとする恵美さんの姿勢に感心させられました。

恵美さんは、朗読を始めてから介護士の資格を取得したほどのがんばり屋さんです。朗読のボランティアで施設に出向いたときも、施設の方の動きや、その日の利用者さんの雰囲気を察しながら対応できるので、そばで見ていても安心感があります。高齢者の方から投げかけられる言葉に対するとっさの返答もお手の物。笑いを入れながらさらっとこなします。

なんでもこなせるスーパーウーマンの彼女が、いつもこう言ってくださいます。

「朗読に出会えたおかげで、人生が本当に広がりました」と。

脳梗塞からの生還

江口さんは建設会社の営業のお仕事をしている55歳の男性です。趣味はお酒と舞台鑑賞。退職後の第二の人生は、シニア俳優として舞台に立つことと決めています。

しかし、彼には大きな悩みがありました。職場でのニックネームは「ジージ」。なんとお声だけが20歳以上年上に見られる、「老け声」だったのです。それがきっかけで、江口さんは土曜日クラスの一員になりました。

老け声に悩んで朗読のレッスンを受講される方は少なくありません。老け声の原因は、病気や声帯の構造の問題以外に、「口の開け方が足りない」「声が響かない」「話す顔が無表情」「言葉に気持ちを乗せられない」などさまざま。なかでも「口の開け方が足りない」ことは、自分で意識しにくいだけに悩み深いことが多いようです。

以前、講師として朗読講座を受け持ったときのことです。大部分の参加者が40代のなかで、一番若々しくて大きな声が出ていた方は、幼稚園の理事長を務める80歳の女性でした。小学校や中学校で「戦争体験」の語り部の活動をされているからでしょうか、ご経験から醸し出される深みのある声には圧倒されました。鍛錬を続ければいつまでも若い声を出せるという事実を目の当たりにしました。

江口さんは人一倍の真剣さでレッスンに向き合っていました。滑舌の改善練習のプリントはお風呂でも練習できるようにパウチされ、日々練習を重ねていました。

私はまず、すぐに声質は改善されないものの、簡単にできる練習法を指導しました。それは、ほおを持ち上げるような意識で、ゆっくりとお話しするという方法です。

江口さんは、普段の会話において慌てて話しているわけではないのに、そう聞こえてしまう傾向がありました。しかし、練習を繰り返すことで2か月目ぐらいから次第にその成果があらわれはじめました。ちょっとの変化でも、周囲から「変わった」と言われることが喜びになり、カフェ朗読会に出演したいという目標がモチベーションとなって、どんなに忙しくても教室に通って来てくださいました。

江口さんは幼少期こそ内向的だったものの、中学に入ると積極的な性格に変わったそうです。合唱コンクールのときはリーダーシップを発揮してクラス全員を放課後猛特訓させ、優勝に導いた経験もあるのだとか。そんな一面を持つだけに、いつの間にか朗読教室でも若い人たちをグイグイ引っ張ってくれる力強い存在になっていました。

彼が教室に通いはじめて約1年が経ちました。仕事の現場では営業所の所長を任され、相当忙しくしていました。勤務は早朝から深夜にまで及ぶこともあったようです。

そんななか、待ちに待ったカフェ朗読会が翌月に迫ってきました。

今回江口さんは、新美南吉の短編『あめだま』を読むことに決まりました。この作品には子どものセリフがあり、表情を豊かにしながら声のトーンを上げる訓練ができるので、私は彼が変われるチャンスになると期待していました。

江口さんは、昼休み時間を大義名分に仕事を抜けてレッスンに来るほど熱心でした。声を出すことが彼にとっていい息抜きになっていたようです。

「竹は節目で伸びていく」といいますが、私は朗読に節目があるとすれば大勢の方の前で発表することだと思っています。江口さんも練習を重ねるうちに読む表情に笑顔が出はじめ、朗読会ではバックに音楽を流したいというほど積極的になっていました。

カフェ朗読会の日がきました。

カフェ朗読会は、教室生の知り合いが経営するライブカフェを会場に、ほぼ毎月第4日曜日の午後に開催しています。クラスでテーマを決め、チラシもプログラムも手作り。ホールで行う発表会とは違い、読み手と聞き手の距離が近く、思い思いの作品を読み合い、語り合う時間は格別です。何より、仲間との連帯感につながります。

その日は朝からいつになく強い雨が降っていました。入口には忙しいなかで江口さんが作ってくれたデザイン性あふれるプログラムが置いてあります。どんなにか楽しみにされてきたのでしょう。出演者一人ひとりの写真まで入れてくれていました。

使用する音楽のリハーサルが終わったちょうどそのときでした。

「先生、江口さんがまだいらしていないんですが……」

いつもなら誰よりも早く到着する江口さんが遅刻するとは考えられません。連絡は入っていません。来る途中で具合が悪くなってしまったのかしらと誰もが思いました。メールをしても電話をかけても応答なし。もう定刻です。仕方なく江口さんの到着を待たず朗読会を始めることになりました。

ついに最後まで彼からの連絡はありませんでした。

その日の夜遅く、「江口さん」という名字の、違う名前の男性からメールが届きました。それは息子さんでした。江口さんは仕事一筋の性格が原因で離婚し、男手ひとつで息子さんを育ててきたことがわかりました。

「じつは、父が昨夜遅くに出先で脳梗塞を起こして救急搬送されました。今もICUに入ったままです。医者からは万が一のことがあるかもしれないと言われました。それでもうわ言で、『朗読の先生に連絡してくれ』と言うのですが、連絡先がわからずこんな夜になってしまい申し訳ありませんでした。またご連絡させていただきます」

そんな状況になっても連絡をしてくれようとする真面目で律儀な江口さんの思いが伝わり、私は胸が締めつけられました。

江口さんとは、それ以降、まったく連絡が途絶えてしまいました。

「江口さんが倒れたことを聞いて泣きながら帰ったんです。あんなに朗読が好きで、あんなにがんばってたのに。江口さん、また帰ってきますよね？」

そう話すクラスメイトの知子ちゃんは涙目です。きっと帰ってくる。誰もが信じて疑いませんでした。

「朗読カフェ」から半年後のある日、私の携帯電話が鳴りました。なんと江口さんからです。

「先生、5か月分の月謝が未払いですみません。

倒れたのは会社のプレゼンが終わった後のことでした。突然足の力が抜け、気づいたら集中治療室。それからは長い入院生活に入りました。

何度も生死の境をさまよって、不安と恐怖でいっぱいでした。でも早く朗読がしたい、仲間と声を出したいっていう一心でがんばりました。倒れたときに持っていたカバンの中の朗読教材には随分励まされました」

まだ少々ろれつが回らぬようでしたが、きちんとした話しぶりにホッとしました。

「入院中は、先生からいただいた、小川未明の『野ばら』や、芥川龍之介の『羅生門』の朗読の台本を何度も繰り返し練習して気を紛らわせることができました。

少しだけ舌が回るようになったころ、言語聴覚士の先生を前に朗読をしたんです。『朗読を趣味にしている患者さんを担当するのは初めてです。これはリハビリですね。それにしても短期間でこんなにスムーズに話せるようになるなんて奇跡です』

先生にそう言われて、元気を取り戻すことができましてね。

『早く退院して、また朗読教室に通いたい』という気持ちが強かったからか、最低6か月は入院が必要だと言われていましたが、予定よりも早く3か月半で退院しました」

私は朗読がリハビリになっていたと聞いて驚きました。そしてもっとびっくりしたのは、江口さんのこんな言葉でした。

「入院中に若いリハビリスタッフ10人を前に、ミニミニ朗読会をやったんですよ。終わった後みんなが感動してくれて泣きそうになりました。私でも朗読で人を感動させられたと思えました。これも、みなさんのおかげです」

いきなり朗読会を開いてしまう江口さんには驚かされましたが、病院のスタッフさんが江口さんの心に寄り添い、サポートしてくれたことを聞いて感動しました。

それから1か月が経ち、江口さんがグループレッスンに来られる日がやってきました。教室生の誰もがドキドキしています。教室内には、いつもと違うそわそわした空気が流れていました。誰かが叫びました。

「江口さんだー。待っていましたよ——」

そのとき江口さんと何をお話ししたか、みんながどんな言葉をかけたのか、今振り返っても覚えていません。それくらい感激した瞬間でした。

「何度も死に直面して、人生観が変わりました。今まで考えたこともなかったのですが、

『これからは世のため、人のために行動したい』と思うようになりました。もっと元気になったら病院をボランティア訪問して、朗読で人々を元気づけられたらと思ってます。それに、元気になったら老け声がまったく気にならなくなりました」

表情も明るく変化した江口さんは、以前のようなしゃべりの暗さが消えていました。

私は、江口さんに少しでも元気になっていただきたい気持ちから、復帰して間もなくではありましたが、思い切って、こうお誘いしました。

「『俺たちの朗読』という朗読会に出演してみるのはいかがですか？」

朗読愛好者は圧倒的に女性が多いため、この朗読会は教室生の男性であれば出演できる公演です。江口さんは興奮した様子で顔を紅潮させ、こう言いました。

「いいんですか？　あまり練習できていない私がいきなり出ても」

「この教室のコンセプトは、『一人ひとりを輝かす』です。思う存分朗読してください」

すでに公演を2か月後に控えていましたが、「一生懸命練習します」と言いきった江口さんならできると信じ、さらなるリハビリになるかもしれないとも思い、全力でレッスンすることにしました。

「先生、最近、会社関係の人たちから『朗読を始めてから、優しくなったんじゃないか？』

なんて言われるようになって照れくさいんですよ。内心はうれしいんですがね」

江口さんが恥ずかしそうに、そしてうれしそうにそう教えてくれました。

なんて素敵なことでしょう。大きな病気も乗り越え、人生観や性格も変えてくれる朗読の素晴らしい力にあらためて気づかされました。


「俺たちの朗読」当日、客席には息子さんの姿がありました。そして、病院でお世話になったリハビリ担当の方が3人も聞きにいらしてくださったのです。

江口さんは、浅田次郎作『オリンポスの聖女』を朗読されました。

大病から復帰して以来、すっかり表情も豊かになった江口さん。生かされる感謝の心がストーリーの一文一文に込められ、老け声はすっかり消えて若々しい輝きのある声が聞こえてきます。声というのはその方の心の持ちようがそのまま音や響きになってあらわれるということを、私は江口さんから教えていただきました。誰かの喜びのために尽くしていこうとする心が声を変えてくれるのかもしれません。

翌週、元気に教室に来てくれた江口さんが、

「息子から『実力が伴わないのに、あんなむずかしいの読んじゃって』とか、『何度も噛み

まくりだったね。まずは滑舌をよくしたほうがいいよ』とか散々に言われましたよ」と額に汗を光らせ、頭を掻きながらおっしゃいました。

もともとは老け声を改善しようと教室に来られた江口さん。でも、それよりも、ずっと貴重なものを手に入れることができました。

それは、朗読に励まされると同時に、「生きること」「生かされること」の本当の意味を教えてもらったという経験です。

このお話のプロミネンス

「長期の治療やつらいリハビリに耐えられたのは、朗読が自分の生きがいになっていたことに気づき、早く教室に通いたい一心からだった」と話してくださった江口さん。

朗読は、大きな病気を経験した江口さんの、最大で最適なリハビリとなりました。医師や言語聴覚士の先生からも、朗読がリハビリに適していると太鼓判を押されたとのこと。江口さんと朗読の出会いはまさに運命的なものと言えるかもしれません。

今は好きなお酒も控え、見た目もスッキリされて声も若返った江口さん。次の発表会の作品選びに余念がないその姿勢に、ほかの教室生は圧倒されるばかりです。

ナースのプレゼント

夏子さんは、都内のある大きな病院の看護師長を務めています。「師長」と聞いただけで、周りにも自分にも厳しく、バリバリと仕事をこなす女性をイメージしますが、彼女はおっとりとした控えめな方でした。

夏子さんは教室に入ってくるなり、私にこう打ち明けてくださいました。

「じつは、ある患者さんから『あなたの声はなんだか暗いし、低すぎて非常に聞き取りにくい』って言われて、すごくショックでした。帰宅して、飛びつくようにインターネットで話し方の教室を探したんですが、なかなかいいところが見つからなかったんです。いろいろ検索するうち、『話し方を学ぶには、朗読が効果的。相手に伝わりやすい話し方ができるようになるし、クレームも言われなくなる』というひと言が目に飛び込んできたんです。わらにもすがる気持ちでこちらに参りました。どうかよろしくお願いします」

そう言って深々と頭を下げられました。

夏子さんは、土曜の午後に行う男性が多いクラスに入ることになりました。いたってアットホームな雰囲気のクラスです。仕事も年齢も関係なく付き合える仲間は、常にリラックスムード。世間話になると、みんなの声がいっそう大きくなります。私は毎回「その笑い声の大きさで朗読してくださーい」と言うようになっていました。

夏子さんをご紹介する時間がきました。

「夏子さんは看護師をなさっています」

クラスの男性陣は途端に前のめりになりました。「われ先に」の勢いで質問しはじめたのは健康のこと。

「腰が痛いんだ……」

「血圧が高くて青汁勧められたんだけど、まずくって……」

「この薬なんですが、これとこれと……」

「すっぽんエキスがいいって言われたんだけど……」等々。

すると、夏子さんがひと言。

「私、精神科なんです」

一同、キョトンとするなか、夏子さんだけは表情をいっさい変えません。

夏子さんは、どんな状況でも表情が変わらない方だったのです。

その日は『葉っぱのフレディ』の練習でした。

レオ・バスカーリアのこの作品は、フレディと仲間が葉っぱとして自分の人生を精一杯全うし、命は次の新たな命へとつながっていくことを教えてくれるお話です。

順番にひとりずつ読んでいき、夏子さんの番になりました。夏子さんの読みは、無表情でメリハリがなく淡々としています。悲しいのか、うれしいのか、感情が伝わってこないのでした。

夏子さんは、自分の読みが明らかにほかのメンバーと違うことに気づいたのか、

「私の言葉には気持ちがこもっていないって、ずいぶん前にも先輩から指摘されたことがあります。自分では精一杯心を込めてしゃべっているつもりなのに、なぜ伝わらないのかわからず、何をするにもそれがいつも引っかかってしまっているんです」

と言います。そして、

「みんな上手でびっくりしました。朗読は学生時代以来だったので、あのころに戻れたような新鮮な感じです。『葉っぱのフレディ』は私の仕事の現場につながっている感じがして泣きそうになりました。私、がんばります」

と言葉を継ぎました。

「1年後に、多くの方の前で朗読するライブステージがあります。それまでに、声や滑舌をよくすることはもちろんですが、『伝わる朗読』を目指しましょう」

私は、そう夏子さんに言いました。

夏子さんが務める看護師長は、現場の看護師たちを指導する責任ある役職です。看護師長の采配ひとつで看護師さんの環境が働きやすくなったり、その逆になったりすることもあります。

だからこそ夏子さんは、これまで一人ひとりの看護師さんとのコミュニケーションを大切にしてきました。どんなことも安全第一で常に緊張感が張り詰める現場において、倫理を踏まえながら患者さんの人権を尊重していく一方で、厳しい労働条件のなかのスタッフのワーク・ライフ・バランスも考えてあげなければなりません。また、師長の役職に就いてからは、大勢の学生を前に講義することも増えました。

夏子さんの一番の悩みは、とっさの対応を求められると講義の進め方が支離滅裂になってしまうことでした。学生から質問されても言いたいことがすぐに出てこず、いつも終わってから後悔するばかり。伝えるべきことを正確に伝えなくてはならないことはわかっていても、つい焦って言葉が出にくくなってしまうのでした。それがコンプレックスになっていて、苦手意識をどうにかしたかったのです。

そのためにはまず明瞭な声を出すことから始めようと思い立ち、滑舌だけでもよくしようとボイストレーニングの教室を訪ねたこともあったそうです。

しかし、そこでは楽しさを感じられず途中で挫折。話し方の本を読んだり、講座を受講してみたりもしたのですが、ここ数年は仕事の忙しさもあり、意識することがすっかりなくなっていたのでした。


朗読は、単に聞きやすい声で読むというものではありません。物語の内容をよく理解して、工夫して相手に内容を伝えること。それに加えて話すときの表情も大切です。

夏子さんには、録音した自分の声を聞いていただくことにしました。誰でも録音した自分の声を聞くのはいやなものです。

彼女は録音を聞くなり、

「私って、こんなに暗い声だったのですか！」

と、驚きの表情で叫びました。

「じゃあこれを、笑顔でもう一度朗読していただけますか？」

するとと途端に響きのある快活な明るい声に変わったのです。周りの教室生もびっくりしたほどでした。

「年をとっていても声を変えることはできるんですね。私、朗読って単に聞きやすい声で読むことだと思っていました。相手に内容を伝えるには、話す表情も大切だったのですね」

私は言いました。

「年齢は関係ありません。表情を変えるだけで声のトーンは変わるんですよ。声の良し悪しではなくて、夏子さんの落ち着きのある上品な声をもっと輝かすには、ひとつの状況を説明するときにも想像してみることが大事なんです。人を見つめるときも、どんな気持ちで見つめているのか、驚くときもどんな驚きなのか、喜ぶときも同じです。相手の気持ちを想像して言葉に表現していくと、きっと声も変わるはずです」

夏子さんは大きくうなずかれました。

それからの夏子さんは、読書をたくさんされるようになりました。それまでは仕事上、実用書を読む習慣はあっても、文学作品に触れることがほとんどなかったのです。また、出勤前の少しの時間も発声練習にあてるようにしていました。

数か月が経ちました。

「先生、うれしいことがありました。先日、病院でちょっとした催しものがあり、『葉っぱのフレディ』を朗読したんです。四季を想像しながら、もちろん表情も意識しました。そうやって読み終えたら、ある方が涙を流されたんです。『感動した』と言ってくれました」

このころの夏子さんは、少し表情に感情が出るようになっていました。そして、こちらにまで高ぶった気持ちが伝わる、快活な声でこう続けました。

「朗読した本の中の言葉を普段の生活でも自然と使えているのには驚きました。言葉がすらすら口をついて出てくるんです。

文学作品にはいい言葉がたくさん出てくることにも気づかないでこれまで生きてきたんですね。私はもともと言葉に興味があって、いろいろな国の言語を学んだこともありました。覚えても使わないと意味はないのですけれどね。

でも日本語の美しさを再確認できて、とてもうれしい気持ちです。朗読は本当にいいものですね」

レッスンでさまざまな作品に触れることが新しい言葉の発見につながり、心からうれしい様子でした。夏子さんにとって朗読は、話し方を克服するだけではなく、疲れた心をほぐす大切な趣味になっていたのです。

彼女にとって最初の朗読ライブが近づいていました。ほかの教室生も緊張し、クラスも準備に取りかかりはじめています。夏子さんは、朗読ライブで詩を読むとおっしゃっていましたが、詩を朗読で表現することはそう簡単ではありません。

そんな折、夏子さんからレッスンをお休みして旅行に行くという連絡がありました。

1週間後に教室にいらした夏子さんは、教室生一人ひとりにかわいいお菓子をおみやげとして配っていました。

「先生には特別にこれを」

そう言って差し出してくれた包みのパッケージには、「サトウハチロー記念館」と書かれています。彼女は朗読ライブでサトウハチローの『ことばはやさしく美しくひびきよく』を読むことに決め、有給休暇を使って記念館のある岩手県北上市へ出かけたのでした。作家の思いを言葉でより強く表現するためにです。

驚いたことに夏子さんは、それまでは単調に読んでいたのが表情をきちんと言葉に乗せることができるようになっていました。いい声で読もうとするのではなく、どこまでも作者の心を追い求めてきた結果でした。

そうして迎えたステージ。

夏子さんは、誰よりも落ち着いて明るい未来を感じさせるさわやかな表情になっていました。ゆっくり丁寧にひと言ひと言を届けていく表情は、優しく穏やかです。

出番が終わり、「まったく緊張しませんでした」と言いに来てくれた夏子さん。

この日は、ドラマの制作のためにＮＨＫの番組スタッフの方が大勢客席でご覧になっていました。

その後放映されたドラマの最終話の朗読ライブのシーンで、まさか夏子さんが朗読したこの作品が取り上げられ、柴田恭兵さんと麻生久美子さんが読むことになろうとは、誰が想像したでしょうか。

最近は、朗読で得たスキルを存分に生かして、大勢の学生の前でも堂々と話せるようになったという夏子さん。患者さんにも、「最近いいことあったの？」とか「明るくなったわね」と言われることが増えたと言います。言葉に心を込めて、優しく語ることができるようになれたのですね。
どんなときも、「ことばはやさしく美しくひびきよく」。
それをいつも心に置きながら。

このお話のプロミネンス

「声が暗い」と指摘されて傷つかない人はいません。なんとか克服しようとした夏子さんは、日々の生活でも発声トレーニングを心がけ、努力を重ねました。そんな彼女の朗読を、患者さんは涙を流して聞いてくださったそうです。

患者さんの心を動かしたのは、朗読そのものの技術でなく、言葉に対する夏子さんの意識が変化したこと、言葉の重要性に気づくことができたことにあったのではないでしょうか。

「いつか病棟で、患者さんに癒やしを与えられる詩や物語の朗読がしてみたい。そして、いい響きを持った優しい言葉をプレゼントしたい」

そう静かに語る夏子さん。医療現場で働き、日々患者さんと向き合っているからこそ、そんな思いがこみ上げてくるという彼女に、さわやかな空気が漂います。

本文中に登場した作品

・宮沢賢治作『よだかの星』

姿が醜いばかりに名前を変えろと命じられたり、食物連鎖の現実に絶望を抱いたりしたよだかは、最後は自分の力で星となるというお話です。

読み手はまず、どのような声でよだかの心を読み進めていけばいいのかを考えてみましょう。会話の部分はきちんと読み分けをして、聞き手を引きつけてください。終盤、読み手が感極まってしまうと聞き手の世界を壊してしまいかねません。賢治の伝えたかったメッセージを大切に届けてください。

・オスカー・ワイルド作『幸福な王子』

町の誰もが賛美する、美しい王子様の像。王子はツバメに、上から見える貧しい人たちへ自分のルビーの目や金箔を届けるよう命じます。すべてを与え、みすぼらしくなった王子像と、息絶えたツバメの魂を神様が救ってくれます。

読むときは物語に浸りきらず、凜とした姿勢を心がけて。シーンに合わせ、ときには言い含め、ときには謙虚に。そうすることでこの物語の心が伝わると思います。

・夏目漱石作『坊っちゃん』

夏目漱石の初期の代表作。冒頭部分はとくに有名です。

以前、この作品の会話部分を松山出身の方に指導していただきましたが、イントネーションは地元の方のようにはうまくはいきませんでした。朗読するときは、セリフにとらわれずに全体の豪快さや自由さを表現してみてください。

・新美南吉作『あめだま』

新美南吉の、お侍さんが出てくるお話です。もしや刀で斬り殺すのかとどきっとしますが、心温まる展開に和みます。子どもたちのおねだり、お母さんの焦りなどのセリフを読み分けてみましょう。最後のどんでん返しで聞き手を安心させてください。

・浅田次郎作『オリンポスの聖女』

学生時代に付き合っていた女性、典子との30年ぶりの再会を描く作品。印象的な結末と、「ありがとう」の言葉を無言で語るシーンには目頭が熱くなります。

登場人物のセリフの読み分けがむずかしく、朗読初心者にはレベルが高いかもしれませんが、このお話の繊細さを声で伝えられたら、なんて素晴らしいことでしょうか。

・レオ・バスカーリア作『葉っぱのフレディ　いのちの旅』

命のつながりをテーマとするこの作品は、生きている限り変化し続けること、「死」もその変化のひとつであることを優しく伝えてくれます。宮沢賢治の『いちょうの実』と読みくらべてみてください。朗読しながら涙が出てしまうときは、心の引き出しにいったん納めてから聞き手にお話を渡すようにしてください。あくまでも「話を伝える」ことを第一に作品と向き合いましょう。

・サトウハチロー作『ことばはやさしく美しくひびきよく』

ぜひこの詩の全文に触れてください。時間の関係でドラマでは抜粋しましたが、「これからは言葉を大切に使いたい」という感動の声が多く寄せられました。この詩には、むずかしい言葉は出てきませんが、言葉とは何か、見失ってしまいがちな大切なことを教えてくれます。言葉は、一生をともにするもの、心を表現するお手紙なのです。

朗読ボランティアの始め方

朗読ボランティアを始めるにあたって、まず大前提となるのが朗読スキルを身につけることです。教室や自治体などが開催する講座を受講し、発声、発音などの基本や本の選び方を総合的に学びます。それから活動場所を探しはじめましょう。

現在、全国の市区町村のほとんどの社会福祉協議会にボランティア相談コーナーがあります。まずはそちらに問い合わせてみましょう。また、市や区の活動相談窓口、生涯学習センターでは、趣味のサークル、学習講座の紹介・案内をしています。市（区）報などで募集する読み聞かせ講座は、このようなサークルが協力・連携している場合があり、受講後、それらのサークルに入会して保育園や幼稚園、小学校で活動ができるケースもあります。

読み聞かせ、朗読以外に、視覚障がい者のための「音訳ボランティア」もあります。こちらは朗読の仕方以外に録音機器の使い方などを学ぶ「音訳講座」の受講が必要です。不定期ながら全国市町村の管轄や民間でも受講生の募集をしています（こちらは有料の場合もあります）。

いずれの場合も活動にかかわる人たちの動機や姿勢はさまざま。価値観も意識の温度差も違います。自分の条件・希望に合いそうな団体の情報を調べて見学・体験し、楽しみながら無理なく活動できる場所を選びましょう。

施設や病院へのボランティアに行く場合の注意点としては、施設の利用者さん、病院の患者さんがどんなものを好み、楽しんでくれるのかを事前に担当者と打ち合わせることが重要です。歌や手遊び、スクリーンを使って全員で詩を朗読したり、ときにはダンスを取り入れたりする必要も考慮に入れておきましょう。

ともあれ、「自分たちがやりたいもの」ではなく、「相手が望むもの」を模索していくことこそがボランティア活動の本当のあり方です。つねにその部分を忘れるべきではないと自戒しています。

おわりに

最後までお読みいただき、ありがとうございました。

この本に登場するのはみな特別な方々ではなく、ふらっと教室を訪れて声と言葉で元気になった人ばかりです。朗読に純粋に打ち込む教室生のひたむきな姿、笑顔に変わったそれぞれの思いは届けられたでしょうか。

朗読で一人ひとりを輝かせる。自分を変える一歩を踏み出したい人を応援する。

これは、私が主宰する朗読塾に掲げているコンセプトです。

なぜこんな大それたことを堂々と言えるのでしょうか。

それは、何より私が声の仕事を通して希望を見いだし、前向きに生きる力を与えてもらえてきたからです。

ナレーションや司会の仕事を始めたばかりのころ、うまくいかずに落ち込んでいたことがありました。周りの心ない言葉に傷つき、この先あてもない毎日に押しつぶされそうになっていたある日、音楽イベントの司会を任されたのです。

終了後、担当の舞台監督さんがわざわざ私の楽屋に来られ、こう言いました。

「会場内を明るく笑顔にしてくれて、本当に素晴らしい司会だった。これからはこのお仕事、ずっと頼みますよ」

それは衝撃的でした。「この私が、ですか？」と。

その言葉はそれ以降、何度も私を励まし、力となってずっと支え続けてくれました。声で、言葉で、人は輝く。今度は、私が人の個性を引き出し、勇気づけたい。それをアマチュアの方にも体験してもらうには、どうしたらいいのだろうか？

その私の思いを叶えてくれたのが、朗読だったのです。

朗読をするときは、誰もが主役になれます。いくつになっても舞台に立てます。本番を待つ間のたとえようもない緊張感とその心地よさ、声で伝わっていく言葉の力、作品の魂、そして大きな拍手が自分を包む瞬間……。

こんな輝かしい体験を、多くの人に味わってほしいのです。

朗読を通して、人を認め、認められる。人を褒め、褒められる。お互いが心を通わせ合い、言葉で元気になる。仲間の温かさに包まれる。そんな奇跡の教室。

どんな道端の目立たないところにでも凛とした花が咲くように、人も、ひとつの志を持って進むときには、必ずそれぞれの個性の花が咲くことを、この教室に来るみなさんから学びました。また、それに合わせて朗読の持つ不思議な力――プロ、アマを超えた真実の面白さ――も教えてもらいました。

こういった、世界にオンリーワンのエピソードを文字にしてずっと残しておきたい……。そんな思いを叶えてくれたみなさま、本当にありがとうございました。

あらためて、NHKドラマ制作部チーフプロデューサーの磯智明様、脚本家の大森美香様、演出の笠浦友愛様、樹下直美様、上田明子様には、この場をお借りいたしまして心より厚く御礼申し上げます。NHKドラマ『この声をきみに』に出会えたことは、私にとってかけがえのない一生の宝となりました。

とくに、麻生久美子さんには、私の初出版にあたり、帯に素敵な推薦文まで頂戴いたしましたこと、本当にありがたく御礼の申し上げようもございません。感謝でいっぱいです。

本書を刊行するにあたり、樋口博人さんには勇気と希望をいただき、さらに、出版の一から丁寧に導いてくださいましたJディスカヴァーの城村典子さん、未熟な私をどこまでも支えてくださった楠本知子さんには、心より深く感謝申し上げます。

また、私が所属する芸能事務所ヴォイスガレージの須田俊之代表、私の朗読の師匠である伊藤惣一先生、ボイストレーニングの青拓美先生、本当にありがとうございます。

最後になりましたが、本を書くきっかけをくれたソフィアの森のみなさま、私をそばで応援し支えてくれる家族へ、ありがとう。

そしていつも私にもたらされる、計り知れないインスピレーションに心から感謝します。

この本が、新しい自分との出会いを望む人たちの一助になることを願って。

斉藤ゆき子

2019年6月

参考文献

『現代文の朗読術入門』杉澤陽太郎、NHK出版、2000年
『脳と音読』川島隆太・安達忠夫、講談社、2004年
『朗読のススメ』永井一郎、新潮社、2009年
『人生がうまくいかない人は声で損をしている』青拓美、扶桑社、2010年
『たった1分間の美声レッスン』堀澤麻衣子・司拓也、宝島社、2013年
『声は1分でよくなる!』福島英、秀和システム、2016年
『声のサイエンス』山﨑広子、NHK出版、2018年

ソフィアの森メソッド　滑舌・発声トレーニング

　ここでは「伝わる話し方」「伝わる朗読」のための、オリジナルの滑舌・発声トレーニングをご紹介いたします。簡単に楽しくできるトレーニング法です。滑舌や発声の訓練は毎日少しずつ行うことで、必ず効果を実感することができます。

　始める前に、まずは姿勢です。肩甲骨をぐっと引き寄せ、そのままストンと肩の力を抜きます。目線は正面よりやや上にします。

　口の形は、口角に力を入れ、唇にも意識を集中させます。アヒルのイメージで。そのまま「い」と「う」をゆっくりと丁寧に発音してください。「い」はペコちゃんのように思いっきり口角を両方に引き上げ、「う」はタコのようにつぼめます。「いういうい……」。これを早く切れよく。

　慣れないうちは、ほおの筋肉が痛くなるかもしれません。口の周囲が柔らかくなり、滑舌を助けてくれるうえ、唾液も出るようになるので、口内環境にもよし。慣れてきたらスピードを上げてください。

(1) 発声トレーニング

「い」と「う」の口の形に気をつけて、一音一音ハッキリとリズミカルに発音してください。初めはゆっくりと、慣れてきたら徐々にスピードをつけて発音してみましょう。

あういうえういうあ
かくきくけくきくか
がぐぎぐげぐぎぐが
さすしすせすしすさ
ざずじずぜずじずざ
たつちつてつちつた
だづぢづでづぢづだ
なぬにぬねぬにぬな
はふひふへふひふは
ばぶびぶべぶびぶば
ぱぷぴぷぺぷぴぷぱ
まむみむめむみむま
やゆいゆえゆいゆや
らるりるれるりるら
わういうえういうわ
きゃ きゅ き きゅ きぇ きゅ き きゅ きゃ
ぎゃ ぎゅ ぎ ぎゅ ぎぇ ぎゅ ぎ ぎゅ ぎゃ
しゃ しゅ し しゅ しぇ しゅ し しゅ しゃ
じゃ じゅ じ じゅ じぇ じゅ じ じゅ じゃ
ちゃ ちゅ ち ちゅ ちぇ ちゅ ち ちゅ ちゃ
にゃ にゅ に にゅ にぇ にゅ に にゅ にゃ
ひゃ ひゅ ひ ひゅ ひぇ ひゅ ひ ひゅ ひゃ
びゃ びゅ び びゅ びぇ びゅ び びゅ びゃ
ぴゃ ぴゅ ぴ ぴゅ ぴぇ ぴゅ ぴ ぴゅ ぴゃ
みゃ みゅ み みゅ みぇ みゅ み みゅ みゃ
りゃ りゅ り りゅ りぇ りゅ り りゅ りゃ

(2) 舌を鍛える練習

滑舌をよくするためには、舌を柔らかく鍛えることが重要です。そのための練習法をご紹介します。

「だ」「り」「ら」。

この3つの音は、いずれも上の歯と歯茎の間あたりに舌を打ちつけて出す音です。それぞれを、素早く言えるように訓練します。

具体的には、道路工事や建設現場で聞く、地面に穴を開けるドリルの大きな音をイメージしていただくとわかりやすいかと思います。

このとき、下あごが動かないようにしてください。最初のうちは手でしっかりあごを押さえます。

鏡の前で、「だだだだ……」と言いながら、舌が素早く動いているか、あごは動いていないか確認してください。

慣れてきたら手の支えをはずし、徐々にスピードを早めてトライしてみてください（それぞれ約30秒）。

だだだだだだだだ

りりりりりりりり

らららららららら

（3）短文トレーニング

滑舌よく、声は明るめのトーンでリズミカルに発音してください。

・青は藍より出でて藍より青し
・息を切らして駅へ駆けつけたら息が切れた
・歌うたいが来て歌うたえと言うが、歌うたいぐらい歌うたえれば歌うたうが、歌うたいぐらい歌うたえぬから、歌うたわぬ
・栄光を勝ち取った映画は永久に映画館で上映される
・お綾や親にお謝り、お綾や八百屋にお謝りとお言い
・貨客船旅客は貨物と一緒で旅客運賃が安い
・床の下の釘は引き抜きにくい釘、釘抜きで抜くにも引き抜きにくい釘

・武具馬具武具馬具三《み》武具馬具、合わせて武具馬具六武具馬具

・喧嘩《けんか》早いか、けんけんがくがく、けちらしけちらしけり落とす

・菊栗菊栗三《み》菊栗合わせて菊栗六《む》菊栗

・うちの娘一人ご奉公致させたさも致させたし

・しし鍋、しし汁、ししシチュー、以上試食しました

・この竹垣に竹立てかけたのは、竹立てかけたかったから竹立てかけた

・お茶立《ちゃた》ちょ、茶立《ちゃた》ちょ、ちゃっと立《た》ちょ茶立《ちゃた》ちょ

・月々に月見る月は多けれど月見る月はこの月の月

・長町《ながまち》の七曲がりは長い七曲がり

・のら如来のら如来三《み》のら如来六《む》のら如来

・蛙ぴょこぴょこ三《み》ぴょこぴょこ合わせてぴょこぴょこ六ぴょこぴょこ

・坊主が屏風に上手に坊主の絵を書いた

・麦ごみ麦ごみ三《み》麦ごみ合わせて麦ごみ六《む》麦ごみ

・すもももももももものうちもももすもももももういいや

・やいやい言われていやいや家を否応なく売る

・イライラするから笑われる照れるからからかわれる

・笑えば笑えわらわは笑われる謂《いわ》れはないわえ

・わしの家のわしの木に鷲《わし》が止まったからわしが鉄砲で鷲を撃ったら鷲も驚いたがわしも驚いた

・雨合羽《あまがっぱ》か、番合羽《ばんがっぱ》か。貴様《きさま》のきゃはんも皮脚絆《かわぎゃはん》、我等《われら》がきゃはんも皮脚絆《かわぎゃはん》

斉藤ゆき子　さいとう・ゆきこ

ナレーター。朗読講師。ソフィアの森ボイスアカデミー「ソフィアの森朗読塾」主宰。尚絅女学院短期大学英文科卒業後、テレビ局に入社。退社後は声優事務所を経てフリーアナウンサーとなり、司会、リポーター、キャスターなどあらゆる声の仕事を経験。2000年にナレーター事務所に所属し、CM、報道番組のナレーターとして現在に至る。2012年に立ち上げた朗読教室は、その人の生き方までも変えてしまうパワーがあると評判を呼び、ワークショップは常に満員でキャンセル待ちが出るほど。2017年、NHK総合のテレビドラマ「この声をきみに」では朗読指導を務める。小学校、大学の朗読講師、生涯学習の講師として全国各地で活動中。
https://www.sofianomori.com

奇跡の朗読教室
人生を変えた21の話

2019年6月27日　第1版第1刷発行
2021年3月17日　第1版第2刷発行

著　者　　斉藤ゆき子

発行者　　株式会社 新泉社
東京都文京区湯島1-2-5　聖堂前ビル
電話　03(5296)9620
FAX　03(5296)9621

印刷・製本　創栄図書印刷 株式会社

ISBN978-4-7877-1916-4 C0095